RESPONSABILIDAD CIVIL DEL CONTRATISTA EN EL CONTRATO DE OBRA PÚBLICA

Abelardo Leal - José Alejandro Sánchez

RESPONSABILIDAD CIVIL DEL CONTRATISTA EN EL CONTRATO DE OBRA PÚBLICA

Obligaciones, riesgos e incumplimiento

Grupo Editorial
IBAÑEZ

Imprenta

Carrera 69 Bis Nº 36-20 Sur
Teléfonos: 2300731 - 2386035

Librería Ibánez - Centro

Calle 12 B No. 7-12. L. 1
Tels: 2847524 - 2835194
Bogotá, D.C. - Colombia

Librería Ibáñez Teusaquillo

Calle 37 No. 19-07
Tels: 7025760 - 7025835
Bogotá, D.C. - Colombia

ISBN: 978-958.----

Diagramación electrónica: Yaneth Guarin A.

Diseño de portada: Vanessa Peña Aguilar.

El derecho es un orden de la conducta humana. Un 'orden' es un conjunto de normas. El derecho no es, como a veces se dice, una norna. Es un conjunto de normas que tienen el tipo de unidad a que nos referimos cuando hablamos de un sistema.

Kelsen

Presentación

La Ley 80 de 1993, fue expedida con la finalidad de regular la contratación pública, pues en su momento no existía un estatuto claro que regulara esta materia, sino una dispersión normativa en la que con frecuencia no había claridad acerca de la regulación aplicable a un caso en particular.

En este contexto se expidió la Ley 80 de 1993, con el propósito de establecer los parámetros fundamentales de la contratación pública, y distinguir el contrato público y su alcance de otros tipos contratos.

Sin embargo, el derecho -que es una disciplina dinámica y se encuentra en constante flujo y evolución-, debe adaptarse a las necesidades y requerimientos del ahora, y esta realidad se ve evidenciada en la oportunidad que ha encontrado el legislador de hacer reformas al Estatuto de Contratación, y en particular al contrato de obra pública, frente a las obligaciones, el riesgo y el incumplimiento de las partes, entre ellas el contratista.

De esta manera, se ha vuelto más específico el conocimiento de la normatividad en cuanto a la contratación. Esa especificidad implica que el contratista del Estado deba tener un conocimiento detallado y claro de las obligaciones y riesgos que debe asumir a la luz de las normas específicas que se han dictado en el tema del contrato de obra pública, obligaciones que no estaban contenidas originariamente en el Estatuto de 1993.

De esta manera, evitará asumir riesgos que no pueda sobrellevar en la ejecución del contrato, con un detrimento económico y afrontando pleitos legales con el Estado.

Esta obra que se presenta a la comunidad jurídica colombiana, precisamente aborda esta problemática a la que se ve abocado el contratista del Estado frente a las nuevas leyes en materia del contrato de obra pública.

Para dar respuesta a ello, el libro presenta de manera detallada los elementos y definiciones de las diferentes instituciones jurídicas que conforman el contrato de obra estatal, para lo cual, divide su estudio en tres partes.

En la primera, se realiza un estudio del contrato de obra pública, partiendo de sus antecedentes y examinando los principios de la contratación estatal: transparencia, economía, responsabilidad, buena fe, igualdad, equilibrio financiero, eficiencia, eficacia, legalidad, interés general, imparcialidad y debido proceso.

En la segunda parte se aborda el tema de la responsabilidad civil en el contrato de obra pública, para ello, los autores inician con el estudio de los aspectos más generales de la responsabilidad para ir especificando diferentes matices de esta, concretamente frente a la responsabilidad moral y la responsabilidad jurídica; y exponiendo la clasificación doctrinal y jurisprudencial acerca de las diferencias entre responsabilidad contractual y extracontractual.

Igualmente, en esta segunda parte se abordan temas como el de la responsabilidad subjetiva y objetiva, la responsabilidad de medio y de resultado; los elementos de la responsabilidad (conducta dañosa, perjuicio o daño y relación de causalidad); para finalmente ahondar en los elementos de la responsabilidad contractual.

En la tercera y última parte, los autores profundizan en el estudio de los riesgos que se presentan en el contrato de obra pública, los riesgos que se pueden presentar en este tipo de contratos (de planeación, ejecución, económicos, legales, de fuerza mayor), el incumplimiento del contrato y sus consecuencias jurídicas, las causales de exoneración y finalmente se ocupa del estudio del riesgo y del equilibrio del contrato de obra pública.

El libro permite abordar el tema del contrato de obra pública desde una óptica general, en cuanto a temas de la responsabilidad y las obligaciones, pero brinda el carácter de lo específico y el estudio del detalle, que hace que la obra sea minuciosa y un referente para quienes quieren entender a nivel de especialista el tema del contrato de obra pública y las obligaciones y riesgos que se generan por el incumplimiento del contrato.

El presente trabajo se ve enriquecido por el hecho de que los autores, además de ser académicos, tienen experiencia en el sector público como funcionarios, razón por la cual se han acercado de primera mano a la realidad constante de los conflictos que se suceden en los estrados judiciales, de tal suerte que la obra refleja un conocimiento enriquecido por la praxis.

Finalmente, se debe señalar que el derecho administrativo debe pensarse desde la eficiente protección del interés colectivo, representado en la administración, sin embargo, esta prelación no puede apartarse de sus principios generales en razón de regular situaciones específicas y tampoco puede menoscabar los derechos del contratista, pues, si bien es cierto en el derecho administrativo prima el derecho del colectivo sobre el del particular, no por ello, el Estado puede perjudicar los intereses de una parte privada que ha celebrado un contrato de manera legal, poniendo en riesgo su capital.

La administración no puede obrar con arbitrariedad, sino que debe estar sujeta a un mínimo conjunto normativo que garantice la estabilidad de las relaciones contractuales.

Luis Eduardo Serrano

Especialista en Instituciones Jurídico Procesales-
Magister (c) en Filosofía del Derecho

Catedrático universitario

Contenido

Capitulo I

El contrato de obra pública

CAPÍTULO II

LA RESPONSABILIDAD CIVIL

CAPÍTULO III

LOS RIESGOS EN EL CONTRATO DE OBRA PÚBLICA

Introducción

El contrato de obra estatal es de vital importancia, ya que mediante él se pretenden contratar obras que redundarán, una vez ejecutadas, construidas o realizado su mantenimiento, en el beneficio general, el cual es uno de los fines de la contratación estatal.

Este tipo de contratos puede definirse así: "son contratos de obra los que celebren las entidades estatales para la construcción, mantenimiento, instalación y, en general, para la realización de cualquier otro trabajo material sobre bienes inmuebles, cualquiera que sea la modalidad de ejecución y pago"[1].

Es por ello relevante estudiar la naturaleza de los mismos, sus características y la responsabilidad civil que el contratista o persona que ejecuta el objeto contractual, tiene con respecto a las obligaciones a que se ha comprometido en virtud del referido contrato que ha firmado.

La responsabilidad es una figura jurídica relevante pues "tanto en el concepto de la obligación antigua como en el moderno derecho, siempre ha tenido un lugar privilegiado, gracias al *nexum*, la atadura del individuo al sometimiento personal del acreedor"[2].

En la presente obra, abordaremos la responsabilidad contractual del contratista en el referido contrato, entendida como responsabilidad de carácter civil, señalando los riesgos a que están expuestas las partes en el mismo, y cuándo dichos riesgos deben ser asumidos, en todo o en parte, por el contratista. La responsabilidad contractual que estudiaremos es aquella que "surge el incumplimiento de una obligación concreta previamente determinada"[3].

---

1 Matallana Camacho, Ernesto. *Manual de contratación de la administración pública*, Ed. U. Externado, Bogotá, 2009, p. 877.

2 Escobar Martínez, Lina Marcela; Monsalve Caballero, Vladimir; *La responsabilidad: una Mirada desde lo público y lo privado,* ediciones uninorte, 2010. p. 21.

3 Velásquez Gómez, Hernán Darío. *Estudio sobre obligaciones.* Bogotá: Ed. Temis, 2010. p. 831.

El problema que trataremos de dilucidar será si el contratista de obra pública debe responder por los riesgos previsibles que puedan presentarse en la ejecución del objeto contractual, teniendo en cuenta que "Si la responsabilidad se califica como contractual, se presume la culpa, se requiere analizar su grado y si no es grave –o no existe dolo–, sólo se asume el perjuicio previsible"[4].

A decir verdad, la Ley 1150 de 2007, introdujo cambios con respecto a dicha, pues ahora el contratista ostenta mayor responsabilidad en este campo, como quiera que no responde sólo por las obligaciones propias del contrato, sino también por el estudio de las condiciones en que se ejecutará la obra, los planos y diseños, el estudio del terreno, así como por los hechos que sean previsibles y no haya tomado las medidas correspondientes para enfrentarlos.

Por tanto, no sólo responde, como antes, por deberes secundarios, sino porque el contrato no se ejecute normalmente por situaciones que debió prever, si estaba en capacidad de hacerlo, porque en materia de contratación estatal prima el interés general, esto es, que el contrato se ejecute y se cumplan las obligaciones pactadas, y no se vea afectado o incumplido por la negligencia del contratista o su falta de previsión en las situaciones señaladas.

De esta forma, estudiaremos los riesgos en la contratación estatal, que están relacionados con la responsabilidad civil del contratista, pues éste debe responder por ellos en determinados eventos, los cuales serán analizados en el cuerpo de este libro.

Nos referiremos, entonces, a los riesgos contractuales, estudiando su origen, del cual señala el autor Anthony GIDDENS que: "la idea de riesgo parece haber tomado cuerpo en los siglos XVI y XVII, y fue acuñada por primera vez por los exploradores occidentales cuando realizaban sus viajes por el mundo[5].

La palabra *riesgo* se utilizaba para referirse a navegar en aguas desconocidas y la cual está ligada a la idea de probabilidad e incertidumbre. Siendo el traslado o el seguro una de las formas de que otros asuman los riesgos a cambio de una compensación dineraria. En la actualidad, el riesgo puede definirse como: "todo aquello que

---

4 Ibídem.

5 GIDDENS, Anthony. *Un mundo desbocado.* Madrid: Ed. Taurus, 2000. p. 34

puede generar un evento no deseado y traer como consecuencias pérdidas y/o daños"[6].

Otras definiciones de riesgo son las siguientes: "El riesgo, en la más amplia de sus definiciones, coincide con la noción de peligro o incertidumbre, por lo que desde el punto de vista general denota la posibilidad de la ocurrencia de un hecho específico"[7].

Por su parte, algunos autores señalan que el riesgo puede entrañar un contenido esencialmente patrimonial, al afirmar que: "es la incertidumbre que existe de que un hecho ocurra, durante un período y condiciones determinadas, comportando unas pérdidas económicas"[8].

El contratista, en la actualidad, asume la responsabilidad en mayor número de riesgos, porque se trata de un contrato de obra pública, que debe cumplirse para satisfacer el interés general, el cual es uno de sus fines capitales, y por ello el incumplimiento se castiga con la asignación de los riesgos que acontezcan por su acción y omisión, y que sean previsibles y normales.

Su responsabilidad va desde la etapa licitatoria o precontractual hasta todas las etapas de la ejecución contractual. Incluso responde por los deterioros que sufra la obra una vez entregada, si se debe a su inadecuada construcción.

De la misma forma, se estudiará el equilibrio económico del contrato, que constituye un principio según el cual en los contratos administrativos debe haber una correspondencia o reciprocidad en las prestaciones de las partes, de tal forma que, si ésta se rompe por la acción u omisión de una de ellas, la obra deberá restablecer el equilibrio, haciendo un reajuste financiero a favor de la parte que ha sufrido una pérdida o perjuicio por dichas conductas

Asimismo, abordaremos las eximentes de responsabilidad del contratista, como la fuerza mayor, la culpa exclusiva de la víctima y el hecho de un tercero, con sus conceptos y particularidades,

---

6 Diz Cruz, Evaristo. *Introducción a la teoría de riesgo.* Bogotá: Ecoe ediciones, 2004. p. 1.

7 Mejía Delgado, Hernán. *Gestión integral de riesgos y seguros.* Bogotá: Ecoe Ediciones, 2011. p. 27.

8 Vergel, Gabriel. *El Risk Management.* Barcelona: Editorial Hispano Europea, 1993, p. 12.

apoyándonos en la doctrina y jurisprudencia pertinentes, haciendo claridad que, si bien provienen del derecho civil, son aplicables en materia administrativa.

En materia de contratación estatal, existen teorías como la del hecho del príncipe y de la imprevisión, que deben ser estudiadas pues son aplicables a la responsabilidad del contratista, y contienen una serie de elementos y requisitos que examinaremos a lo largo de esta obra, los cuales deben concurrir para que se configuren tales teorías, con las consecuencias que generan; por ejemplo, la exención del contratista de su responsabilidad frente a los riesgos acontecidos.

Estas teorías no deben dejarse de lado, pues constituyen un verdadero desarrollo jurisprudencial y doctrinal y mediante ellas pueden resolverse muchos casos en el mundo jurídico que tengan relación con el tema en estudio.

Las disposiciones que rigen el contrato de obra pública y la responsabilidad del contratista y sus eximentes, están recogidas en la Ley 80 de 1993, así como en la mencionada Ley 1150 de 2007, y en las disposiciones civiles y comerciales que regulan la teoría de los contratos y las obligaciones, así como las figuras de la fuerza mayor, hecho de un tercero y culpa exclusiva de la víctima, que son creaciones del derecho civil que se aplican en esta materia, ajustándolos a la materia administrativa.

Por ello, también analizaremos la teoría de las obligaciones y el carácter especial de este contrato, partiendo de las bases civiles para aterrizar en el derecho administrativo y el caso concreto de la responsabilidad del contratista en el contrato que nos ocupa, ya que el derecho administrativo remite al derecho civil, cuyas disposiciones generales sobre la teoría de las obligaciones, así como de los contratos, en cuanto a los riesgos y la responsabilidad, se aplican en materia de contratación pública.

La diferencia radica en que, en materia administrativa, se persiguen fines diferentes, como el interés público, y existe la figura de la administración pública, mientras que en el derecho privado no se persiguen estos fines y generalmente las relaciones contractuales son entre particulares, prevaleciendo la autonomía privada de la voluntad en sus relaciones.

Comprender el contrato de obra pública, las obligaciones que de él derivan para las partes, así como los riesgos que se generan durante su ejecución, es de vital trascendencia para estudiar la responsabilidad del contratista y aplicarla al mundo del derecho administrativo, en los casos prácticos que se presenten en materia de contratación estatal, donde el fin que se persigue, como hemos visto, es público.

Por ello, debe estudiarse la responsabilidad del contratista como forma de conocer los riesgos que debe asumir, por qué debe asumirlos, y entender que las normas en esta materia tienden a buscar que haya cumplimiento de sus obligaciones, porque se pretende que el objeto contractual sea ejecutado debidamente para satisfacer los fines de la contratación estatal –que son públicos–, antes que la inejecución del contrato, y por ello se establece la asignación de estos riesgos, e incluso se le pide ser previsible en los hechos que puedan generar incumplimiento.

Así las cosas, se trata de organizar sistemáticamente con unidad de sentido los aspectos mencionados, incluyendo las posturas del Consejo de Estado y las altas Cortes en esta materia, que constituyen criterios importantes a tener en cuenta, así como el desarrollo doctrinal que ha tenido esta figura.

De esta forma, nos abocaremos a un material de consulta útil para la comunidad jurídica, que brinde los conceptos, principios y análisis normativo, jurisprudencial y doctrinal necesarios, para asimilar estos aspectos de la contratación estatal y poder aplicarlos, si es el caso, a situaciones prácticas.

Capitulo I

El contrato de obra pública

1. ANTECEDENTES

Los antecedentes históricos de la contratación estatal, se pueden rastrear hasta la época antigua donde los gobernantes encargaban a sus súbditos la construcción de obras que tenían relación con los valores, creencias, gustos y excentricidades de los pueblos o de sus gobernantes. "La mayoría de los trabajos que han jalonado la historia, no son obra de individuos inspirados por propósitos de particulares, sino el producto de lo que hoy llamaríamos obras públicas, realizadas por sus príncipes, reyes o gobernantes de suerte que son también parte de la historia de la humanidad y se hallan integradas a la cultura de los pueblos"[1].

Podemos afirmar que el contrato de obra se hizo necesario en la antigua Roma, donde se tienen precedentes de su origen, cuando la mano de obra de familiares que coadyuvaban a sus parientes en sus labores –así como la de los esclavos–, no fue suficiente para asumir las diversas tareas que se requerían: "En los primeros tiempos de Roma, la locación de cosa no había tenido razón de ser porque los ciudadanos dedicados preferentemente a las tareas agrícolas, eran ayudados por los familiares, esclavos y clientes, lo que hacía innecesario el arrendamiento; pero debido al aumento de la población comenzó a hacerse necesario el préstamo de elementos de trabajo o el alquiler mediante el pago de un precio en dinero. Así nació la *locatio rei*"[2].

Se diferenció entre la llamada locación de obras y de servicios, pues en el Imperio romano "la ejecución de trabajos públicos era

---

[1] Escobar Henríquez, Álvaro B. *El Contrato Estatal de Obra.* Bogotá: Ed. Ediciones Jurídicas Gustavo Ibáñez, 1999. p. 24.

[2] Peña Nossa, Lisandro. *Contratos mercantiles, nacionales e internacionales.* Bogotá: Ed. Temis-U. Santo Tomás, 2010. p. 320.

considerada como una convención de este tipo, mientras que las funciones que desempeñaban los auxiliares de los magistrados se consideraban una locación de servicios. Este fundamento de derecho público se hizo extensivo al derecho privado, por ejemplo, los trabajos de construcción de una casa o de realización de una obra estarían dentro de la *locati operis*, mientras que la prestación de servicios personales por una suma de dinero configuraba una locatio operum"[3].

En principio, la contratación estatal no era objeto de diferenciación jurídica en relación con los contratos celebrados entre particulares. Con el devenir del tiempo, aquellas divergencias comienzan a insinuarse tímidamente con la inclusión en los contratos públicos las denominadas cláusulas exorbitantes.

Las primeras incorporaciones de esos poderes excepcionales se presentaron en los contratos de construcción y operación de las vías férreas del país. En efecto con la expedición de la Ley 104 de 1892 se consagra un régimen especial de intervención en forma anticipada a la cláusula de caducidad. Se estipula la venta forzada al finalizar la concesión prorrogas automáticas obligatorias en caso de no presentarse la solicitud de compra por parte del estado y la cláusula de reversión, sin indemnización al finalizar la prorroga que fuere equivalente a su periodo inicial.

De igual forma, podemos situar la consagración de la cláusula de caducidad administrativa en el artículo 4 de la ley 53 de 1909 para los contratos de *construcción de obra, ejecución de hechos u otros análogo,* "disposición que repitió el Código Fiscal nacional de 1912, articulo 41, para todo contrato nacional que tenga la construcción de obras o la prestación de servicios, señalando como causales obligatorias la muerte del contratista y la quiebra del mismo"[4], por lo cual se fragmenta la igualdad de las partes en el contrato y se instituye una distinción más amplia a determinados convenios que celebra el estado.

El surgimiento de la jurisdicción administrativa y por lo tanto una nueva forma de resolver las controversias surgidas con ocasión a la contratación estatal en Colombia tiene sus orígenes en la expedición de la ley 167 de 1941, con la cual se promulga el Código Contencioso

---

3 Ibídem.

4 Rodríguez, Gustavo Humberto. *Contratos administrativos y de derecho privado de la administración.* Bogotá: Ed. Ediciones Librería el profesional, 1986. p. Viii.

Administrativo, ya que antes de la expedición de esta ley los conflictos surgidos en virtud de los contratos celebrados por la administración eran de conocimiento de la justicia ordinaria en cuyo órgano máximo es la Corte Suprema de Justicia y era la que poseía la última palabra en la resolución de los conflictos que en ocasiones no respondía a las diferencias existentes entre este tipo de contratos y los civiles.

Es así, que con la entrada en vigor del Código Contencioso Administrativo fue importante diferenciar la naturaleza de los contratos para determinar si se trataban de contratos de derecho privado o contratos administrativos, puesto que a estos últimos les era aplicable las cláusulas exorbitantes.

Con la expedición del decreto 528 de 1964, se atribuyó a la jurisdicción contenciosa la competencia para conocer de las controversias relativas a contratos administrativos, y a través de este se estableció que si el contrato era de administrativo este sería conocido por la jurisdicción contenciosa y que si se trataba de contratos de derecho común estos serían conocidos por la jurisdicción ordinaria.

Lo cual generó dudas de cuándo estábamos frente a cada tipo de contrato, para lo cual la jurisprudencia propuso tres criterios: el servicio público, la definición legal y las cláusulas exorbitantes.

Con la expedición del decreto 150 de 1976 se establecen normas claras sobre la contratación debido a la proliferación de normas sueltas que existían hasta ese momento y que generaban confusión sobre el organismo judicial para conocerla.

El decreto 222 de 1983 fue expedido con el fin de superar algunos inconvenientes que se habían generado con la expedición el decreto anterior.

> *"Art 81. Del objeto de los contratos de obras públicas*
>
> Son contratos de obras públicas los que se celebran para la construcción, montaje, instalación, mejoras, adiciones, conservación, mantenimiento y restauración de bienes de carácter público o directamente destinados a un servicio público".
>
> "El cual a su vez instituyó los principios de interpretación, modificación y terminación unilateral que en determinadas circunstancias podía ejercerla entidad contratante, lo cual

constituyo la principal innovación del nuevo estatuto de la contratación oficial"[5].

El decreto ley 222 de 1983 definitivamente se aparta del criterio jurisprudencial, al dar una definición de contrato administrativo y su enumeración, y señalar que contratos privados de la administración se considerarían todos aquellos no enumerados como contratos administrativos, por lo que se regirían por las normas civiles y comerciales, salvo cuando dentro de estos se pactara la cláusula de caducidad.

Al proponer esta clasificación, el decreto 222 también aclaró lo relacionado con la jurisdicción, estableciendo que si se trataba de un contrato administrativo o de un contrato privado de la administración que incluyera la cláusula de caducidad, la jurisdicción sería la de lo contencioso administrativo; esta última consideración volvió a complicar la distinción entre las dos categorías de contratos, situación que finalmente modificó el nuevo estatuto de contratación administrativa (Ley 80 de 1993).

Otras características del anterior régimen de contratación estatal se encontraban en los procesos de selección de contratistas fueron: exceso en las formas y ritualidades, desnaturalización del contrato, múltiples instancias de revisión, trámite y control, cultura del sello, la firma y la autorización, todos estos vicios retrasaban la iniciación de los contratos y permitieron la proliferación de la corrupción administrativa, debido a que la selección del contratista efectuada por la administración no circunscribía a criterios objetivos.

Además, lo anterior genero el surgimiento de diversos regímenes excepcionales para cada una de las entidades y personas jurídicas que aplicaban un régimen propio, de igual manera la proliferación de instancias en el proceso paralizaba la posibilidad de establecer responsabilidades de índole personal.

Por su parte, la Constitución Política de 1991 consagró expresamente disposiciones transitorias para la expedición de un nuevo régimen de contratación de las entidades oficiales.

Con lo cual se expidió la Ley 80 de 1993 denominada como el estatuto de la contratación estatal, así: "el propósito de este código fue

[5] Ibíd, p. 43.

el de simplificar las formas y sistemas de la contratación estatal en todos sus órdenes, incluido el de la selección de contratistas, introducir el concepto de contrato estatal, reglamentar el contrato de obra pública, las cláusulas obligatorias, las cláusulas exorbitantes, el perfeccionamiento y legalización, y muchos otros aspectos sobre el tema"[6].

Por último, se expidió la ley 1150 de 2007 por medio de la cual se introducen medidas para la eficiencia y la transparencia en la ley 80 de 1993 y se dictan otras disposiciones generales sobre la contratación con recursos públicos.

La cual fue promulgada como medida para combatir la corrupción en nuestro medio en materia de contratación del Estado que estaba generando altos sobre-costos que afectan la transparencia y credibilidad en los procesos, así como la eficiencia en el manejo del gasto público, comprometiendo de manera especial la legitimidad del Estado, lo que conlleva a afirmar la necesidad de promover una serie de iniciativas que propendan por dotar de transparencia el desarrollo de los procesos contractuales.

De igual manera, se pretende ampliar la aplicación de la normatividad de la contratación estatal a todos los procesos contractuales adelantados por las entidades, lo anterior debido a que su aplicación se había convertido en una excepción, mediante la adecuación de los procedimientos e instancias establecidas en la ley, teniendo en cuenta la multiplicidad de los objetos sobre los que recae la contratación estatal.

En consecuencia, el objetivo de la reforma que se propone es señalar unas bases que habiliten un escenario institucional adecuado para la adopción de decisiones en materia contractual, que apunten a las que consideramos deben ser características fundantes de la actividad contractual del Estado: eficiencia y transparencia[7].

2. EL CONTRATO DE OBRA PÚBLICA

Antes de definir el contrato de obra pública, es preciso dar el concepto de contrato de obra en general, que Gómez Estrada define así: "hay contrato de obra o empresa siempre que dos personas se obligan entre

---

6 Ibíd, p. 44.

7 Exposición de motivos Ley 1150 de 2007.

sí, la una a llevar a cabo una tarea o labor determinada, y la otra a pagar por ello a la primera un precio o remuneración, pero sin que aquella se ponga bajo el servicio, subordinación o dependencia de ésta"[8].

Como se puede observar, en el contrato de obra no hay subordinación de parte del contrista con respecto al contratante, por lo cual se diferencia del contrato de trabajo. Asimismo, se distingue del mandato en cuanto no hay representación.

Por otro lado, pasando a definir el contrato de obra pública, podemos decir que es aquel negocio jurídico donde interviene una entidad estatal como contratante, para la realización de un trabajo o trabajos materiales que versen sobre inmuebles, para su construcción, mantenimiento o instalaciones que vayan a hacerse en ellos. Debe fijarse una forma de ejecución en ellos y debe haber un pago a quien realiza la obra (contratista). Cabe señalar que los bienes inmuebles, sobre los que se realiza la obra, "en el decir del artículo 656 del Código Civil, son los que no se pueden mover de un lugar a otro"[9].

Su regulación jurídica se encuentra estipulada en el artículo 32 de la Ley 80 de 1993, el cual establece el concepto de contrato estatal como un negocio jurídico que genera obligaciones y es celebrado por las entidades públicas, según en desarrollo de la autonomía de la voluntad.

Igualmente, en dicho precepto se enuncian como contratos estatales, entre otros, el de obra, de consultoría, de prestación de servicios, de concesión, de encargos fiduciarios y fiducia pública, así:

> *"Art. 32. De los contratos estatales.*
>
> Son contratos estatales todos los actos jurídicos generadores de obligaciones que celebren las entidades a que se refiere el presente estatuto, previstos en el derecho privado o en disposiciones especiales, o derivados del ejercicio de la autonomía de la voluntad, así como los que, a título enunciativo, se definen a continuación:
>
> *1. Contrato de Obra.*
>
> Son contratos de obra los que celebren las entidades estatales para la construcción, mantenimiento, instalación y, en general,

---

8 GÓMEZ ESTRADA, César. *De los Principales contratos civiles.* Bogotá: Ed. Temis, 2008. p. 364.

9 BONIVENTO FERNÁNDEZ, Alejandro. *Los principales contratos civiles y su paralelo con los comerciales.* Bogotá: Ed. Librerías del Profesional, 2012. p. 582.

para la realización de cualquier otro trabajo material sobre bienes inmuebles, cualquiera que sea la modalidad de ejecución y pago.

En los contratos de obra que hayan sido celebrados como resultado de un proceso de licitación o concurso públicos, la interventoría deberá ser contratada con una persona independiente de la entidad contratante y del contratista, quien responderá por los hechos y omisiones que le fueren imputables en los términos previstos en el artículo 53 del presente estatuto.

Aparte señalado en negrilla derogado por el artículo 32 de la Ley 1150 de 2007.

2. Contrato de Consultoría.

Son contratos de consultoría los que celebren las entidades estatales referidos a los estudios necesarios para la ejecución de proyectos de inversión, estudios de diagnóstico, prefactibilidad o factibilidad para programas o proyectos específicos, así como a las asesorías técnicas de coordinación, control y supervisión. Son también contratos de consultoría los que tienen por objeto la interventoría, asesoría, gerencia de obra o de proyectos, dirección, programación y la ejecución de diseños, planos, anteproyectos y proyectos. Ninguna orden del interventor de una obra podrá darse verbalmente. Es obligatorio para el interventor entregar por escrito sus órdenes o sugerencias y ellas deben enmarcarse dentro de los términos del respectivo contrato.

3. Contrato de Prestación de Servicios.

Son contratos de prestación de servicios los que celebren las entidades estatales para desarrollar actividades relacionadas con la administración o funcionamiento de la entidad. Estos contratos sólo podrán celebrarse con personas naturales cuando dichas actividades no puedan realizarse con personal de planta o requieran conocimientos especializados.

En ningún caso estos contratos generan relación laboral ni prestaciones sociales y se celebrarán por el término estrictamente indispensable.

Apartes señalados en negrilla declarados Exequible por la Corte Constitucional mediante Sentencia C-154 de 19 de marzo de 1997, M.P. Dr. Hernando Herrera Vergara.

4. Contrato de Concesión.

Son contratos de concesión los que celebran las entidades estatales con el objeto de otorgar a una persona llamada concesionario la prestación, operación, explotación, organización o gestión, total o parcial, de un servicio público, o la construcción, explotación o conservación total o parcial, de una obra o bien destinados al servicio o uso público, así como todas aquellas actividades necesarias para la adecuada prestación o funcionamiento de la obra o servicio por cuenta y riesgo del concesionario y bajo la vigilancia y control de la entidad concedente, a cambio de una remuneración que puede consistir en derechos, tarifas, tasas, valorización, o en la participación que se le otorgue en la explotación del bien, o en una suma periódica, única o porcentual y, en general, en cualquier otra modalidad de contraprestación que las partes acuerden.

5. Encargos Fiduciarios y Fiducia Pública.

Los encargos fiduciarios que celebren las entidades estatales con las sociedades fiduciarias autorizadas por la Superintendencia Bancaria, tendrán por objeto la administración o el manejo de los recursos vinculados a los contratos que tales entidades celebren. Lo anterior sin perjuicio de lo previsto en el numeral 20 del artículo 25 de esta ley.

Inciso primero declarado INEXEQUIBLE por la Corte Constitucional mediante Sentencia C-086 del 1 de marzo de 1995, M.P. Dr. Vladimiro Naranjo Mesa.

Los encargos fiduciarios y los contratos de fiducia pública sólo podrán celebrarse por las entidades estatales con estricta sujeción a lo dispuesto en el presente estatuto, únicamente para objetos y con plazos precisamente determinados. En ningún caso las entidades públicas fideicomitentes podrán delegar en las sociedades fiduciarias la adjudicación de los contratos que se celebren en desarrollo del encargo o de la fiducia pública, ni pactar su remuneración con cargo a los rendimientos del fideicomiso, salvo que éstos se encuentren presupuestados.

Los encargos fiduciarios y los contratos de fiducia mercantil que a la fecha de promulgación de esta ley hayan sido suscritos por las entidades estatales, continuarán vigentes en los términos convenidos con las sociedades fiduciarias.

Inciso señalado en negrilla fue modificado por el artículo 25 de la Ley 1150 de 2007. El nuevo texto es el siguiente:

La selección de las sociedades fiduciarias a contratar, sea pública o privada, se hará con rigurosa observancia del procedimiento de licitación o concurso previsto en esta ley. No obstante, los excedentes de tesorería de las entidades estatales, se podrán invertir directamente en fondos comunes ordinarios administrados por sociedades fiduciarias, sin necesidad de acudir a un proceso de licitación pública.

Los actos y contratos que se realicen en desarrollo de un contrato de fiducia pública o encargo fiduciario cumplirán estrictamente con las normas previstas en este estatuto, así como con las disposiciones fiscales, presupuestales, de interventoría y de control a las cuales esté sujeta la entidad estatal fideicomitente.

Sin perjuicio de la inspección y vigilancia que sobre las sociedades fiduciarias corresponde ejercer a la Superintendencia Bancaria y del control posterior que deben realizar la Contraloría General de la República y las Contralorías Departamentales, Distritales y Municipales sobre la administración de los recursos públicos por tales sociedades, las entidades estatales ejercerán un control sobre la actuación de la sociedad fiduciaria en desarrollo de los encargos fiduciarios o contratos de fiducia, de acuerdo con la Constitución Política y las normas vigentes sobre la materia.

La fiducia que se autoriza para el sector público en esta ley, nunca implicará transferencia de dominio sobre bienes o recursos estatales, ni constituirá patrimonio autónomo del propio de la respectiva entidad oficial, sin perjuicio de las responsabilidades propias del ordenador del gasto.

A la fiducia pública le serán aplicables las normas del Código de Comercio sobre fiducia mercantil, en cuanto sean compatibles con lo dispuesto en esta ley.

So pena de nulidad no podrán celebrarse contratos de fiducia o subcontratos en contravención del artículo 355 de la Constitución Política. Si tal evento se diese, la entidad fideicomitente deberá repetir contra la persona, natural o jurídica, adjudicataria del respectivo contrato.

Parágrafo 1o. Modificado por el artículo 15 de la Ley 1150 de 2007. El nuevo texto es el siguiente:

Los Contratos que celebren los Establecimientos de Crédito, las compañías de seguros y las demás entidades financieras de carácter estatal, no estarán sujetos a las disposiciones del Estatuto General de Contratación de la Administración Pública y se regirán por las disposiciones legales y reglamentarias aplicables a dichas actividades.

En todo caso, su actividad contractual se someterá a lo dispuesto en el artículo 13 de la presente ley".

Se advierte, entonces, que los contratos enunciados en el artículo 32 de la Ley 80 de 1993, no representan un listado restrictivo, sino que existen más contratos estatales, dentro del concepto general y del mismo y siempre que concurran los elementos o características de este.

Centrándonos en el contrato de obra pública, se debe precisar que este corresponde a un contrato estatal, que no el único, pues contrato estatal es el género, y el contrato de obra pública es una especie dentro del mismo.

La jurisprudencia ha dado el siguiente concepto de contrato de obra pública: "En el artículo 32 de la Ley 80 de 1993 se definió el contrato de obra como aquel que celebran las entidades estatales para la construcción, mantenimiento, instalación y, en general, para la realización de cualquier otro trabajo material sobre bienes inmuebles, cualquiera que sea la modalidad de ejecución y pago"[10].

Como vemos, este contrato se caracteriza por ser un negocio jurídico, donde existen obligaciones para las partes, de las cuales al menos una debe ser una entidad pública, y por ello el nombre de contrato de obra pública, porque precisamente son obras que se hacen financiadas con recursos públicos y para el beneficio general de los ciudadanos.

Además, se trata de un contrato oneroso, porque existe una remuneración económica para una de las partes, consensual –se perfecciona por el acuerdo entre la obra que se ejecutarán el costo o precio de la misma– y sinalagmático perfecto, por cuanto las partes se obligan recíprocamente.

Existe otro elemento como es que se trata de obras de construcción de bienes inmuebles, y no de otro tipo de bienes, de donde se deduce que haciendo una interpretación taxativa el mantenimiento, construcción o instalación de bienes muebles no estarían cobijados dentro de esta categoría de contratos.

Asimismo, hemos manifestado que es un acuerdo de voluntades, lo que implica un pacto entre dos partes, generador de obligaciones y derechos. Se trata de un contrato bilateral, por cuanto: "intervienen dos partes, el contratante, que es el dueño de la obra y paga por ella (la entidad estatal), y el contratista, que es quien ejecuta la obra"[11]. La entidad estatal se obliga al pago de una suma dineraria, mientras que el contratista se obliga a la realización de la obra, a su mantenimiento o a su instalación, según sea el caso.

A su vez, la primera tiene derecho a la entrega de la obra contratada, mientras que el segundo a recibir oportunamente los pagos acordados *"El contrato de obra es ante todo y en primer lugar un contrato, esto es, un acuerdo de voluntades generador de obligaciones (negocio jurídico), según la más extendida y aceptada noción del contrato.*

---

[10] CONSEJO DE ESTADO. Sala de lo Contencioso Administrativo, Sección Tercera, Subsección B, sentencia de 7 de octubre de 2019, Radicación número: 05001-23-31-000-1996-02614-02(38520), M.P. Martín Bermúdez Muñoz.

[11] MATALLANA CAMACHO, Ernesto, Op. Cit., p. 878.

No existiendo el acuerdo de voluntades generador de obligaciones, no podemos hablar de contrato de obra"[12].

El contrato de obra pública o contrato estatal de obra, es bilateral, porque en él intervienen, como vimos, dos partes: la entidad pública o contratante y el contratista o quien ejecuta la obra. Cada una de las partes puede estar compuesta por una o más entidades o personas, sin que ello implique que se rompa el carácter bilateral de este negocio jurídico: *"Los contratos de obra son bilaterales porque en ellos intervienen dos partes: el contratante o dueño de la obra que es la entidad estatal, y el contratista que la ejecuta. Sin embargo, nada se opone a que cada parte puede estar constituida por más de una persona, lo cual no modifica su carácter de bilateral, puesto que por su naturaleza el contrato requiere un contratante y un contratista; alguien que pague por la ejecución de una obra y alguien que la ejecute"*[13].

La parte contratista puede ser una persona natural o jurídica, o un consorcio o unión temporal. Asimismo, dicha parte contratista puede ser también una entidad estatal, de tal forma que tanto entidad contratante como contratista tengan naturaleza pública.

En cuyo caso, nos encontramos ante los llamados contratos interadministrativos, los cuales están contemplados por la Ley 80 de 1993, y no requieren de un proceso de selección objetiva mediante concurso público, ya que ambas entidades son estatales y persiguen los mismos fines: *"se acepta que pueden celebrarse directamente, esto es, sin el adelantamiento de los procesos de licitación o concurso de méritos, pues siendo ambas partes entidades oficiales se entiende que los intereses públicos se encuentran debidamente protegidos; no es necesario incluir en ellos cláusulas especiales, puesto que parece algo contradictoria la prevalencia contractual de un ente público sobre otro"*[14].

Como se observa, para que se configure el contrato estatal de obra, es necesario que concurran los elementos o requisitos señalados, sin los cuales no es posible la existencia de este contrato.

Su regulación se encuentra en las normas del derecho administrativo, como la Ley 80 de 1993, pero también en el Código Civil y Código

---

12 Escobar Henríquez, Álvaro B. *El contrato estatal de obra.* Bogotá: Ed. Gustavo Ibáñez, 2000. p. 65.

13 Ibídem.

14 Ibídem, p. 76.

de Comercio, porque se trata de un contrato, y la teoría general de los mismos deriva de estas dos últimas ramas del derecho, en cuanto a los requisitos y elementos genéricos de un contrato, así como la teoría de las obligaciones, el sometimiento a un plazo, y la consagración de la responsabilidad civil y las eximentes de ella, que son el soporte de las disposiciones en materia administrativa.

3. PRINCIPIOS DE LA CONTRATACIÓN ESTATAL

Las actuaciones de las entidades públicas tanto como de los contratistas deben ceñirse a los principios establecidos en el sistema jurídico colombiano, los cuales constituyen directrices que orientan el actuar de los servidores públicos y de los colaboradores de la administración, con el propósito de que las actuaciones adelantadas estén dirigidas a la obtención de objetivos y fines sociales fijados.

El establecimiento de los principios aplicables al régimen de contratación estatal no es fácil, debido a que las relaciones contractuales, en el ámbito administrativo, tienden hacer restringida dado que se trata de un derecho estrictamente reglado y por lo tanto debe circunscribirse a los lineamientos expresamente fijados en la ley que regula la materia.

Sin embrago, el estudio de los principios jurídicos aplicables en el sistema jurídico colombiano implica realizarse en su conjunto, el cual no está constituido únicamente por el Estatuto de Contratación Estatal y los principios fijados en este, sino que deben incluirse al momento de entablar la relación contractual por parte de los funcionarios y particulares los *principios generales del derecho.*

Igualmente, teniendo en cuenta lo expresado por la jurisprudencia y la doctrina nacional e internacional, además de la inclusión de otros principios que están consagrados en la Constitución Política de Colombia, el Código Contencioso Administrativo, el Código Civil, el Código Comercio y la aceptación de principios que, si bien no están expresamente regulados en nuestro ordenamiento, corresponden a postulados desarrollados por la jurisprudencia que se encuentran implícitos en sistema jurídico.

A continuación, explicaremos brevemente cada uno de los principios involucrados en la contratación estatal de conformidad con su origen normativo que los sustenta, sin pretender que sean los únicos aplicables a esta materia:

Principios Específicos de La Contratación Estatal. La ley de contratación estatal (Ley 80 de 1993) mediante la cual se regula la contratación de las entidades estatales en nuestro ordenamiento, ha establecido sus propios principios de manera expresa, entre los cuales encontramos: el principio de Transparencia, de Economía, de Responsabilidad y reglas que deben seguirse al momento de adelantar los procesos contractuales como la buena fe, igualdad, y el equilibrio financiero.

3.1. Transparencia

El Estatuto de Contratación Estatal no define expresamente ninguno de los principios anteriormente mencionados, sin embargo, se encarga de enunciar una serie de actuaciones que encierra, en este caso, el principio de transparencia, el cual está dirigido a que el proceso de selección del contratista se realice de manera imparcial y la de forma objetiva, e impedir de esta manera que intereses personales incidan en la contratación.

Mediante el cual se pretende evitar y erradicar de la contratación toda actuación dirigida directamente o indirectamente al favorecimiento de una determinada persona o grupo, mediante en la inaplicación de procedimientos y etapas fijadas en la ley.

Este principio involucra, entre otras, las siguientes manifestaciones:

- *Debido Proceso:* Estableciendo de esta manera el derecho de defensa y de contradicción que tienen los contratistas y en general toda persona de conocer oportunamente y controvertir las decisiones emitidas por cualquier que puedan afectarlo[15].
- *Publicidad de las actuaciones:* contenido en la Ley 80 de 1993 y modificada por la Ley 1150 de 2007, mediante la cual se establece que las actuaciones, dentro de la contratación, se realicen de forma pública y de esta manera pueda ser conocida por los interesados, los cuales tengan la posibilidad de obtener copias de los documentos que hacen parte del proceso de contratación.
- *Motivación de los Actos Administrativos:* mediante la cual se establece que las actuaciones realizadas por parte de las

---

[15] Constitución Política de Colombia, Articulo 29. El debido proceso se aplicará a toda clase de actuaciones judiciales y administrativas.

entidades y las decisiones adoptadas por la misma deben estar debidamente sustentados con el fin de garantizar el derecho de defensa y contradicción.

- *Prohibición de injerencia:* se establece la prohibición que determinados organismos o corporaciones puedan intervenir en la adjudicación y celebración de contratos.

3.2. ECONOMÍA

Este principio hace parte de los principios de la función administrativa establecido en nuestra carta magna[16], en aplicación a este principio la administración pública tiene la obligación de seleccionar al contratista teniendo en cuenta los procedimientos y etapas estrictamente necesarias asegurando la selección objetiva del contratista, por lo tanto, se deben omitir, suprimir requisitos y autorizaciones superfluas que conlleven a impedir, encarecer y retardar el proceso de contratación.

De igual forma, la administración tiene que adelantar los trámites con austeridad de tiempo y desde luego valerse de los medios y recursos necesarios para responder las solicitudes de los contratistas, todo ello con el fin de que la entidad obre eficazmente.

Este principio permite la adopción de medidas que contribuyan a la solución de los conflictos que puedan surgir en el proceso de selección, ejecución y liquidación del contrato, evitando en la medida de lo posible acudir a instancias judiciales que impidan la satisfacción oportuna del interés público.

Además, solo abrirán licitaciones o convocatorias cuando cuenten con disponibilidad presupuestal (numeral 6 del artículo 25 de Ley 80 de 1993), so pena que inicio el proceso de contratación sin cumplimiento de este requisito conlleve a la declaración de nulidad del mismo.

El legislador consagra la figura del silencio administrativo positivo en materia de contratación pública y de manera especial durante la ejecución del contrato, esta figura se proyecta si la entidad estatal no contesta la petición dentro de los tres meses siguientes de su

16 Constitución Política de Colombia, artículo 209.

presentación de conformidad con el numeral 16 del artículo 25 de Ley 80 de 1993, estas reclamaciones formuladas por el contratista deben contar con sustento legal y probatorio que la petición se marca dentro de la realidad contractual.

La entidad puede revocar el acto ficto o presunto mediante el cual se configuró el silencio positivo administrativo, de conformidad con lo señalado en el artículo 71 al 75 del C.C.A.

Dentro acuerdo con este principio, las entidades estatales tienen la obligación de constituir reservas y compromisos presupuestales apropiando una partida global destinada a cubrir los sobrecostos tengan fundamento en la teoría de la imprevisión, en las sujeciones materiales imprevistas o en la teoría del hecho del príncipe (N° 14 y 15 art 25 Ley 80 de 1993).

Así mismo, solo podrá declararse desierto un proceso de selección del contratista por motivos o causas que impidan la escogencia objetiva del contratista.

3.3. RESPONSABILIDAD

Este principio se encuentra establecido en la Constitución Política de Colombia en el artículo 6 cuando de forma expresa dice: "*Los particulares sólo son responsables ante las autoridades por infringir la Constitución y las leyes. Los servidores públicos lo son por la misma causa y por omisión o extralimitación en el ejercicio de sus funciones*", principio que se encuentra desarrollado en diversas disposiciones de nuestro ordenamiento jurídico, entre el cual encontramos la Ley 80 de 1993, donde en su artículo 26 se hace una relación de actividades y de comportamientos que se configuran como causales de responsabilidad.

Pero antes de ir al campo específico que nos atañe, debemos decir que, de manera genérica, el principio de responsabilidad, en materia administrativa, comporta la responsabilidad que le cabe al Estado, tanto sus organismos como sus funcionarios, por las acciones, omisiones, conductas y relaciones que ejecuten en virtud de su vinculación con el mismo.

Esta responsabilidad abarca el plano patrimonial, y encuentra sustrato, en parte, en el artículo 90 constitucional, donde de manera expresa se consagra la responsabilidad patrimonial del Estado frente a sus actuaciones y omisiones y las consecuencias que de ello derive.

Así, como expresa Santofimio Gamboa: "Congruente con el ejercicio del poder institucionalizado, el Estado de derecho proclama la inevitable necesidad de hacer a los organismos públicos y a las personas a ellas vinculadas responsables de manera general frente al ordenamiento jurídico, y de manera personal cuando hubieren desbordado los parámetros definidos para el ejercicio de sus funciones. Esta responsabilidad lleva las condenas patrimoniales a cargo de unos y otros en caso de generarse daños de carácter antijurídico que hicieren que hiciere necesario restablecer en sus derechos o indemnizar a los asociados"[17].

Como se ha afirmado, la responsabilidad, como principio, en la materia que nos ocupa, deriva del artículo 26 de la Ley 80 de 1993- o Estatuto de Contratación Estatal[18], y entraña la observancia, desarrollo

---

[17] Santofimio Gamboa, Jaime Orlando. *Compendio de Derecho Administrativo*, Ed. Universidad Externado de Colombia, Bogotá, 2017, p. 191.

[18] *Artículo 26 del principio de responsabilidad.* En virtud de este principio:

1. Los servidores públicos están obligados a buscar el cumplimiento de los fines de la contratación, a vigilar la correcta ejecución del objeto contratado y a proteger los derechos de la entidad, del contratista y de los terceros que puedan verse afectados por la ejecución del contrato.
2. Los servidores públicos responderán por sus actuaciones y omisiones antijurídicas y deberán indemnizar los daños que se causen por razón de ellas.
3. Las entidades y los servidores públicos, responderán cuando hubieren abierto licitaciones o concursos sin haber elaborado previamente los correspondientes pliegos de condiciones, términos de referencia, diseños, estudios, planos y evaluaciones que fueren necesarios, o cuando los pliegos de condiciones o términos de referencia hayan sido elaborados en forma incompleta, ambigua o confusa que conduzcan a interpretaciones o decisiones de carácter subjetivo por parte de aquellos.
   Expresiones 'concurso' y "términos de referencia" derogadas por el artículo 32 de la Ley 1150 de 2007, publicada en el Diario Oficial No. 46. 691 de 16 de julio de 2007. Empieza a regir seis (6) meses después de su promulgación.
4. Las actuaciones de los servidores públicos estarán presididas por las reglas sobre administración de bienes ajenos y por los mandatos y postulados que gobiernan una conducta ajustada a la ética y a la justicia.
5. La responsabilidad de la dirección y manejo de la actividad contractual y la de los procesos de selección será del jefe o representante de la entidad estatal, quien no podrá trasladarla a las juntas o consejos directivos de la entidad, ni a las corporaciones de elección popular, a los comités asesores, ni a los organismos de control y vigilancia de la misma.
6. Los contratistas responderán cuando formulen propuestas en las que se fijen condiciones económicas y de contratación artificialmente bajas con el propósito de obtener la adjudicación del contrato.

y satisfacción de los fines públicos, lo que se traduce en el campo bajo análisis, en el debido cumplimiento de las obligaciones por cada una de las partes del contrato de obra pública, y la asunción de las actividades, cláusulas, riesgos, sanciones, multas, etc., que correspondan en virtud del contrato de obra pública suscrito.

Así, la responsabilidad se traduce en que los todos los intervinientes en la actividad contractual serán responsables ante las autoridades por las consecuencias que produzca su comportamiento en el cumplimiento de las obligaciones adquiridas, lo cual puede con llevar a quienes han faltado a sus deberes a ser objeto de sanciones disciplinarias, penales y económicas.

Igualmente esta se encamina asegurar el cumplimiento de los fines de la contratación estatal al momento de iniciar, adelantar y llevar hasta su terminación los procesos contractuales, para que se han desarrollados dentro de los parámetros fijados por la Constitución y la ley de contratación estatal, y de esta manera evitar que la afectación de derechos de las partes intervinientes en la relación precontractual, contractual, postcontractual y de terceros que puedan llegar a considerarse perjudicados por el actuar de la administración.

Tales así, que los servidores públicos deberán responder no solo por las actuaciones que realicen durante la etapa contractual, sino a que su vez también serán responsables por las omisiones a sus obligaciones durante el proceso que ocasionen perjuicios a la entidad o a terceros.

La responsabilidad de la dirección y manejo de los procesos de selección del contratista, de la ejecución del contrato, así como de su liquidación están a cargo de los representantes legales de las entidades contratantes o en los servidores públicos en quienes hubiese delegado dicha competencia.

Tal como lo establece el artículo 21 ley 1150 de 2007, el acto de delegación por sí mismo no exime de responsabilidad al delegante porque debe supervisar la conducta del delegatario, exigirle cuentas, solo se exime si el delegatario obro con dolo o culpa grave, es decir, obra en contra de los preceptos de la moralidad.

---

7. Los contratistas responderán por haber ocultado al contratar, inhabilidades, incompatibilidades o prohibiciones, o por haber suministrado información falsa.
8. Los contratistas responderán y la entidad velará por la buena calidad del objeto contratado.

Tanto los servidores públicos como los contratistas tienen la obligación de responder por sus actuaciones y omisiones antijurídicas y en consecuencia debe asumir el compromiso los daños que ocasione.

Por otra parte, los proponentes están llamados a responder patrimonialmente o administrativamente cuando formulen propuestas artificialmente bajas encaminadas a obtener la adjudicación del contrato –potestad con que cuenta la entidad contratante de poder hacer efectiva la póliza de seriedad de la propuesta, siempre y cuando se haya exigido la constitución de dicho amparo–.

Asimismo, se estable la obligación a los contratistas de responder por la buena calidad del objeto contratado y la entidad contratante de velar porque el contratista cumpla a cabalidad sus funciones.

Cabe acotar que en esta obra, haremos énfasis en la responsabilidad civil del contratista, ya que la responsabilidad administrativa, si bien cabe dentro del concepto general o principio de responsabilidad, es predicable de las entidades públicas y sus funcionarios.

3.4. BUENA FE

El principio de la buena fe fue incluido por el constituyente de 1991 en el artículo 83 de la Constitución Política de Colombia[19], mediante el cual se constriñe a todos los particulares y a las autoridades a actuar de buena fe, tanto en las relaciones que se den entre particulares como aquellas que involucran el actuar de la administración.

La buena fue la podemos definir como la creencia que nuestro comportamiento y actuar se ajusta a la ley, y que la conducta desplegada por terceros es realizada conforme a nuestro ordenamiento jurídico. Este comportamiento moral y ético en establecimiento de relaciones jurídicas tanto privadas como públicas se presume, es decir, que no necesita ser demostrado que mi actuar es leal y está conforme a derecho, luego, si alguien actuó de mala fe habrá que quebrantar esta presunción, y se debe probar que la otra parte ha obra de mala fe y por lo tanto debe ser sancionada por su actuar contraviniendo los preceptos legales.

---

[19] *Artículo 83.* Las actuaciones de los particulares y de las autoridades públicas deberán ceñirse a los postulados de la buena fe, la cual se presumirá en todas las gestiones que aquellos adelanten ante éstas.

Este principio de rango constitucional, es del resorte de la contratación estatal, pues implica que la administración, en este caso, debe presumir la buena fe o buen actuar del contratista en la ejecución del contrato de obra pública suscrito y al cumplimiento de las demás obligaciones pactadas.

La buena fe adquiere gran trascendencia en los contratos administrativos tal como lo expresa Rodrigo ESCOBAR GIL[20], al incorporar en el actuar de la administración y de los contratantes la obligación de acoger este principio lo cual proporciona en los intervinientes en la contratación estatal confianza en los procedimientos y en las relaciones jurídicas adelantadas.

3.5. IGUALDAD

Este principio constitucional[21] establece que todos somos iguales ante la ley, lo que implica la exclusión de cualquier forma discriminatoria en nuestro ordenamiento, asegurando de esta manera que los gobernados sean tratados en igualdad de condiciones por las autoridades, de esta manera cercenando la posibilidad de que exista algún tipo de prerrogativas a favor o en contra del algún o algunos de los asociados.

La Corte Constitucional mediante Sentencia C-472 de 1992 realizo algunas precisiones sobre el alcance de este principio, al establecer: "*Ese principio de la igualdad es objetivo y no formal; él se predica de la identidad de los iguales y de la diferencia entre los desiguales. Se supera así el concepto de la igualdad de la ley a partir de la generalidad abstracta, por el concepto de la generalidad concreta, que concluye con el principio según el cual no se permite regulación diferente de supuestos iguales o análogos y prescribe diferente normación a supuestos distintos. Con este concepto sólo*

---

20 ESCOBAR GIL, Rodrigo. "*Teoría general de los contratos de la administración*", Ed. Legis, Bogotá, 1999, p. 84, donde se menciona: "El principio general de la buena fe tiene una extraordinaria importancia en los contratos administrativos, principalmente por dos razones: la primera de ellas es que consiste en un límite a la supremacía jurídica de la administración pública en garantía de la posición patrimonial del contratista, puesto que le señala unas reglas de conducta para el ejercicio de los derechos y de las potestades exorbitantes y el cumplimiento de las obligaciones; la segunda a elevar el tono moral de la gestión contractual publica y a humanizar las relaciones entre las entidades públicas y los contratistas".

21 Véase artículos 13 y 29 de la Constitución Política de 1991.

se autoriza un trato diferente si está razonablemente justificado. Se supera también, con la igualdad material, el igualitarismo o simple igualdad matemática".

Mediante la aplicación de este principio en todas las actuaciones de la actividad contractual se garantiza lo que denominamos como la igualdad de los oferentes, es decir, "Que todos los participantes tengan las mismas posibilidades de que se le adjudique el contrato, gozando de las mismas prerrogativas previstas en el pliego de condiciones, en el cual se estipularon para todos los mismos criterios de valoración y ponderación de las ofertas, con el señalamiento de normas precisas y de fácil interpretación, permitiendo el acceso de los participantes a la información que posea la entidad..."[22] lo anterior se traduce en que durante el proceso de selección del contratista se debe dar observancia al principio de legalidad.

3.6. EQUILIBRIO FINANCIERO

El equilibrio financiero o equilibrio económico, también denominado ecuación contractual, es un principio que deben cumplir los contratos estatales por el cual se considera que debe existir equilibrio, correlatividad o equivalencia entre las partes frente al contenido económico de las prestaciones, derechos y obligaciones del contrato.

Sobre su alcance, ha manifestad el Consejo de Estado, Sala de lo Contencioso Administrativo, Sección Tercera, Subsección B, en Sentencia de 27 de marzo de 2017, rad. nro. 25000-23-26-000-1998-03066-01(20912), M. P. Danilo Rojas Betancourth:

> "El equilibrio económico del contrato corresponde a la ecuación contractual que surge una vez las partes celebran el negocio jurídico, de conformidad con la cual las prestaciones a cargo de cada una de las partes se miran como equivalentes a las de la otra. Así, el contratista cuya propuesta fue acogida por la administración, considera que las obligaciones que asume en virtud del contrato que suscribe, resultan proporcionales al pago que por las mismas pretende recibir, toda vez que al elaborar dicha oferta, ha efectuado un análisis de costo-beneficio, fundado en los estudios y proyecciones que realizó

---

22 PALACIO HINCAPIÉ, Juan Ángel. *La contratación de las entidades estatales"*. Bogotá: Ed. Librería Jurídica Sánchez R. Ltda., Quinta edición, 2005. p. 171.

> en relación con los factores determinantes del costo de ejecución de las prestaciones a su cargo y la utilidad que pretende obtener a partir de la misma. (...) Una vez las partes suscriben el contrato, éste se convierte en ley para ellas y se torna obligatorio su cumplimiento en los términos pactados, de acuerdo con el principio pacta sunt servanda (art. 1602, C.C.), lo que no descarta que situaciones extraordinarias, posteriores a la celebración del contrato, imprevistas e imprevisibles, ajenas a las partes (en el caso de la teoría de la imprevisión) o imputables a una actuación legal de la contratante (en el caso del hecho del príncipe), puedan alterar la ecuación financiera del mismo en forma anormal y grave, de tal manera que sin imposibilitar su ejecución, la hagan mucho más onerosa para la parte afectada, en lo que se conoce como el rompimiento del equilibrio económico del contrato, caso en el cual, en virtud del principio rebus sic stantibus, surge el deber de restablecerlo, bien sea mediante una indemnización integral de perjuicios, en el caso del hecho del príncipe, en el cual la afectación de la ecuación contractual proviene de una medida de carácter general proferida por la misma persona de derecho público contratante, o llevando al contratista a un punto de no pérdida (art. 5º, Ley 80/93), mediante el reconocimiento de los mayores costos en los que incurrió, por hechos imprevistos e imprevisibles para las partes".

Lo cual pone de manifiesto que, las partes pactan en la relación contractual inicial unas condiciones económicas iniciales a las cuales se someten, donde se establecen derechos y obligaciones para ellos, lo que se traduce para el contratista en que el pago es proporcional a los gastos en que incurrirá para el desarrollo del contrato, y en la administración, en que la obra o servicio a realizarse es requerida y satisfará sus necesidades.

Este principio es prueba y justificación de la naturaleza jurídica de los contratos estatales. Mucho se ha discutido acerca de la conmutatividad del contrato estatal, pero gracias a este principio, estipulado en el artículo 27 de la Ley 80 de 1993, puede decirse que en contratación estatal, en los contratos surgidos entre la administración y un contratista existen obligaciones reciprocas y proporcionales para ambas partes que impide el sometimiento de una de ellas a una carga prestacional excesiva que le impida continuar con la ejecución del contrato, ya sea porque el contrato es excesivamente oneroso o sus obligaciones son difíciles de cumplir.

Este es el cumplimiento del principio de justicia conmutativa, lo cual implica un costo conmutativo en el costo de las prestaciones mutuas.

Debido a que es imperativo mantener la ecuación en el contrato, cuando se rompe es viable solicitar que se vuelva a poner en un punto de equilibrio y para determinar su restablecimiento, "el punto de equilibrio se establece, en el momento en que se suscribe el contrato cuando es producto de una contratación directa, pues allí se acuerda el contenido de los derechos y obligaciones y cuando deviene de una licitación o de un concurso público, en el cierre de la licitación o concurso, porque la oferta queda definida en tal momento y una vez efectuada la adjudicación, será la base sobre la que se concreta el acuerdo de voluntades del contrato"[23].

De esta forma, roto el equilibro económico del contrato, es necesario hacer un ajuste de precios, cuando este se altera o se incurre en sobrecostos por una de las partes, verbi gracia el contratista, este no tiene que soportar los mismos, sino solicitar el reajuste de precios, como reza la jurisprudencia del Consejo de Estado:

> "El reajuste de precios, surgió como solución ante el hecho de que en aquellos contratos de tracto sucesivo o ejecución diferida, el solo transcurso del tiempo puede dar ocasión a que se presente un alza en el valor de los diversos items o rubros que conforman los precios unitarios, afectándolos de tal manera que el contratista va a incurrir en realidad en mayores costos de los presupuestados inicialmente, porque a la hora de ejecutar las obras o servicios, los materiales, equipos y mano de obra ya no valdrán lo mismo que valían en la fecha en la que se proyectó el presupuesto de la obra y se calcularon los costos de la misma. (...) Toda vez que se trata de una situación previsible para las partes, se ha considerado necesario que éstas incluyan en el contrato fórmulas, que pueden ser matemáticas, mediante las cuales puedan reajustarse periódicamente esos precios unitarios obedeciendo a las variaciones de sus componentes en el mercado, de tal manera que correspondan a la realidad de los costos en el momento de ejecución de las prestaciones a cargo del contratista. (...) la figura del reajuste de precios es una medida preventiva frente a una situación previsible, que puede afectar el resultado económico final del contrato en contra de cualquiera de las partes, y que se soluciona mediante la inclusión en el mismo de la respectiva cláusula de reajuste, normalmente mediante una fórmula matemática. (...) No obstante, puede suceder que no se haya pactado una fórmula de reajuste de precios, o que la incluida en el contrato resulte insuficiente para absorber las variaciones que se hayan presentado en algunos de los elementos componentes de los precios unitarios, de tal manera que al aplicarla realmente no

23 Tribunal Administrativo de Cundinamarca, Sentencia 12311 de 1999.

se produzca la actualización de los mismos; en tales condiciones, la parte afectada tendrá derecho a pedir la revisión del contrato, es decir, que se analicen los términos en que aparecen pactadas las prestaciones a cargo de los contratantes y más específicamente, la composición de los precios unitarios que se hubieren acordado, para determinar en esta forma si efectivamente obedecen a la realidad de las variaciones que se hubieren podido presentar en los mismos entre la fecha de presentación de la oferta o de celebración del contrato y la fecha de ejecución y pago de las prestaciones o si, en efecto, la fórmula de reajuste acordada, si fuere el caso, resultó insuficiente, para obtener por este medio el reajuste de los precios y en consecuencia, el restablecimiento de la ecuación contractual inicialmente pactada"[24].

Por este hecho, es la Administración quien asume la carga del riesgo extraordinario que desequilibró el contrato. Pero para lograr el reconocimiento del desequilibrio y su arreglo económico, la parte afectada debe estar libre de culpas, es decir, no debe ser la responsable del rompimiento de la ecuación contractual.

Así, se debe producir el restablecimiento del equilibrio económico del contrato, para que las condiciones del mismo sean nuevamente proporcionadas al costo o gasto, y no se vea lesionada en sus intereses económicos una de las partes, en este caso el contratista.

3.7. Eficiencia

De manera general, se puede entender la eficiencia como la utilización y optimización de los recursos existentes a través de gestiones y actuaciones adecuados para asegurar la prestación de los servicios públicos a cargo del Estado.

Sobre su alcance, ha expresado la Corte Constitucional: "(...) en lo que atañe al principio de eficiencia la jurisprudencia de este Tribunal ha señalado que se trata de la máxima racionalidad de la relación costos-beneficios, de manera que la administración pública tiene el deber de maximizar el rendimiento o los resultados, con costos menores, por cuanto los recursos financieros de Hacienda, que tienden a limitados, deben ser bien planificados por el Estado para que tengan como fin satisfacer las necesidades prioritarias de la comunidad sin el despilfarro del gasto público.

[24] Ibídem.

Lo anterior significa, que la eficiencia presupone que el Estado, por el interés general, está obligado a tener una planeación adecuada del gasto, y maximizar la relación costos – beneficios"[25].

Así, autores como Libardo RODRÍGUEZ consideran sobre este principio: "Este principio se refiere a que, de una parte, es deber del Estado asegurar la prestación eficiente de los servicios públicos, ya sea directa o indirectamente, por comunidades organizadas, o por particulares y, de otra, que todos los habitantes tienen derecho a acceder a ellos. Este principio se desarrolla por medio de los estatutos que regulan la prestación de los diferentes servicios y que constituyen el objeto de una parte muy importante del derecho administrativo"[26].

El principio de eficiencia se relaciona con que se debe invertir el menor número de recursos económicos, físicos, materiales y humanos, como medios para conseguir el resultado esperado, en este caso la ejecución y debido cumplimiento por las partes de las obligaciones contraídas con ocasión del contrato de obra pública.

3.8. EFICACIA

La eficacia implica la producción efectiva del resultado esperado, esto es, en el contexto que nos atañe, cumplir con todas las obligaciones pactadas en el contrato de obra pública, dicho de otra manera, que este se ejecute plenamente satisfaciendo los intereses de la administración, que no son otros que los públicos.

De esta guisa, la Corte Constitucional se pronunció sobre el alcance de la eficacia:

> "En este sentido, la Sala ha señalado que la eficacia constituye una cualidad de la acción administrativa en la que se expresa la vigencia del estado social en el ámbito jurídico-administrativo. Así mismo añade que, en definitiva, la eficacia es la traducción de los deberes constitucionales positivos en que se concreta el valor superior de la igualdad derivado directamente de la nota o atributo de socialidad del Estado (...). En este orden de ideas, es

[25] CORTE CONSTITUCIONAL. Sentencia C- 826 de 2013.

[26] RODRÍGUEZ R., Libardo. *Marco Constitucional del Derecho Administrativo, en Colombia.* En: Revista de Direito Administrativo & Constitucional, Ano 8 nro.31, Ed. Forum, Belo Horizonte, feb/marzo de 2008, p. 141.

> evidente para esta Corporación que el principio de eficacia impide que las autoridades administrativas permanezcan inertes ante situaciones que involucren a los ciudadanos de manera negativa para sus derechos e intereses. Igualmente, que la eficacia de las medidas adoptadas por las autoridades debe ser un fin para las mismas, es decir, que existe la obligación de actuar por parte de la administración y hacer una real y efectiva ejecución de las medidas que se deban tomar en el caso que sea necesario, en armonía y de conformidad con el debido proceso administrativo"[27].

Así, la eficacia se relaciona, en este caso, con la ejecución satisfactoria del objeto contractual.

3.9. Legalidad

El principio de legalidad implica que la administración, y en este caso quienes contraten con ella, deben sujetarse a todas las normas del ordenamiento jurídico, esto, es al sistema jurídico.

Es por ello que autores como Santofimio Gamboa consideran que este principio conlleva el sometimiento a la ley, entendida como al derecho vigente y aplicable: "Para ser más exactos, el principio de legalidad así entendido resulta asimilable al principio de respeto y acatamiento al bloque de la legalidad que recoge la totalidad de elementos articulados en el llamado sistema del ordenamiento jurídico.

En este sentido, debe ser entendida la vinculación positiva de la administración al principio de legalidad. Si bien es cierto que la sujeción de la administración al derecho debe estar precedida de una disposición normativa, la misma no necesariamente debe ser de carácter especial. La vinculación puede estar dada por normas generales, por el bloque de legalidad, que puede comprender incluso principios y valores"[28].

El principio de legalidad, puede comprender, como expresa el autor, sujeción no sólo a reglas, a normas positivas, sino también a principios y valores, esto es, a mandatos de optimización, según Robert Alexy en su obra *Concepto y Validez del Derecho*[29].

---

27 Corte Constitucional. Sentencia C- 826 de 2013.

28 Santofimio Gamboa, Jaime Orlando, Op. Cit., p. 189.

29 Véase Alexy, Robert. *El Concepto y la Validez del Derecho.* Barcelona: Ed. Gedisa, 2009.

De la misma forma, cuando se habla de la sujeción a un ordenamiento jurídico, implica que dichas normas son previas o anteriores y públicas, es decir, que ya han sido debidamente expedidas y han entrado en vigencia, siendo, entonces, exigibles o aplicables.

La legalidad, igualmente, implica que la administración no puede extralimitarse en el ejercicio de sus funciones y toda actuación que desarrolle debe estar precedida o habilitada por la ley, ya que la legalidad "se refiere al Estado de derecho, y los artículos 6º y 121 que prohíben a las autoridades públicas extralimitarse en el ejercicio de sus funciones. Este principio encuentra expresión práctica en la sujeción plena de la administración pública a la legalidad y en su vinculación positiva al ordenamiento jurídico en el sentido de que la administración requiere de habilitación legal previa, es decir, que la acción administrativa debe ser desarrollada según una regla de referencia preestablecida y no de modo arbitrario (...)"[30].

Lo cual, aplicado al caso bajo estudio, conlleva que la administración no puede exigir al contratista más que el estricto cumplimiento de sus obligaciones pactadas en el contrato de obra pública, dentro del marco legal vigente, sin imponer cargas, o imprecar exigencias u obligaciones que no estén plasmadas en el contrato o consagradas en la ley.

4. INTERÉS GENERAL

Uno de los fines de la administración pública, y máxime en materia de contratación estatal, es satisfacer el interés general, el cual se refiere a los intereses de la colectividad o de la sociedad, en cuyo beneficio deben actuar las entidades públicas.

Este principio deriva del texto constitucional, tanto en su preámbulo, como en los artículos 2, 123 y 209 del mismo, se recalca que es fin del Estado Social de Derecho, en el marco del cual se estatuye el Estado colombiano, es servir a la comunidad, garantizar sus derechos fundamentales, asegurar el cumplimiento de los principios y deberes de la función administrativa, dirigidos a satisfacer el interés general, el cual prevalece sobre el interés particular en caso de conflicto o colisión.

---

[30] RODRÍGUEZ R., Libardo. *Marco Constitucional del Derecho Administrativo en Colombia,* Op. Cit., p. 136.

Así, puede decirse que: "En esta perspectiva, el principio se vincula directamente con las finalidades estatales, y para su concreción debe acudir necesariamente a todos aquellos otros niveles del ordenamiento normativo que permiten materializar su alcance, en la medida en que su postulación constitucional eventualmente lo torna en un concepto abierto e indeterminado"[31].

De tal suerte que este principio proscribe toda actuación, en este caso en materia de contratación estatal, que pretenda otro fin diferente que la satisfacción del interés general, porque precisamente el Estado tiene sustento, en sus antecedentes y de acuerdo con teóricos como Juan Jacobo Rousseau[32], en la voluntad general, y por ello, el Estado debe propender por el beneficio de la sociedad, si se quiere de la nación, de donde dimana.

4.1. Imparcialidad

La imparcialidad deriva del artículo 209 constitucional, donde se establece como principio de la función administrativa, y se relaciona con que se debe proscribir todo favorecimiento o interés particular en las actuaciones de la administración.

En la materia que nos ocupa, la imparcialidad comporta que la administración debe ser imparcial a la hora de seleccionar al contratista, de establecer las cláusulas del contrato, y de procurar y exigir el cumplimiento o ejecución del mismo.

4.2. Debido proceso

El debido proceso, entendido no solo como la sujeción a las etapas y procedimientos preestablecidos en la ley, sino como la facultad de los administrados al goce y observancia de derechos que derivan del mismo como el de defensa y contradicción, presunción de inocencia, etc., cuyo alcance se encuentra en el artículo 29 constitucional, es además una garantía del Estado frente a los particulares, en este caso al contratista, que también conlleva la sujeción a las normas que regulan la contratación pública, y el pleno reconocimiento y respeto de sus derechos en caso de controversias suscitadas por su ejecución o cumplimiento.

---

31 Ibídem, p. 190.

32 Ver Rousseau, Juan Jacobo. *El Contrato Social.* Madrid: Ed. Sarpe, 1984.

Como manifiesta Libardo Rodríguez, el debido proceso no se circunscribe al ámbito penal o judicial, a las garantías del ciudadano inmerso en un proceso de esta naturaleza, sino que también es predicable en materia administrativa, y en este sentido conlleva que: "(...) la administración, siempre que adelante un procedimiento administrativo, estará en el deber de seguir rigurosamente las ritualidades establecidas en las normas jurídicas que constituyen una garantía del ciudadano frente al poder de la administración"[33].

Cabe resaltar, por último, que estos principios son meramente enunciativos, y no son sólo los expresamente consagrados en el artículo 26 de la Ley 80 de 1993, sino que se encuentran recogidos en distintos cuerpos normativos, desde la Constitución Política de 1991, la Ley 1137 de 2011, y el mismo Estatuto de Contratación Estatal.

4.3. PLANEACIÓN

Este principio es de suma relevancia en el ámbito de la contratación pública, y deriva de la Ley 80 de 1993, que en su artículo 25 consagra unos estudios previos a la contratación estatal, que deben antecederla para poder asegurar el normal desarrollo del contrato, la realización efectiva de la obra o labor y la asunción de los riesgos, circunstancias adversas o peligros que puedan acontecer en su desarrollo.

Igualmente, este principio encuentra fundamento en el Decreto 2474 de 2008, que en su artículo 88 consagra:

> "*Artículo 88*. Determinación de los riesgos previsibles. Para los efectos previstos en el artículo 4° de la Ley 1150 de 2007, se entienden como riegos involucrados en la contratación todas aquellas circunstancias que, de presentarse durante el desarrollo y ejecución del contrato, pueden alterar el equilibrio financiero del mismo. El riesgo será previsible en la medida que el mismo sea identificable y cuantificable por un profesional de la actividad en condiciones normales.
>
> La entidad en el proyecto de pliego de condiciones deberá tipificar los riesgos que puedan presentarse en el desarrollo del contrato, con el fin de cuantificar la posible afectación de la ecuación financiera

---

33 RODRÍGUEZ, Libardo. *El equilibrio económico de los contratos administrativos*. Bogotá: Ed. Temis, 2009. p. 137.

> del mismo, y señalará el sujeto contractual que soportará, total o parcialmente, la ocurrencia de la circunstancia prevista en caso de presentarse, o la forma en que se recobrará el equilibrio contractual, cuando se vea afectado por la ocurrencia del riesgo. Los interesados en presentar ofertas deberán pronunciarse sobre lo anterior en las observaciones al pliego, o en la audiencia convocada para el efecto dentro del procedimiento de licitación pública, caso en el cual se levantará un acta que evidencie en detalle la discusión acontecida.
>
> La tipificación, estimación y asignación de los riesgos así previstos, debe constar en el pliego definitivo. La presentación de las ofertas implica de la aceptación por parte del proponente de la distribución de riesgos previsibles efectuada por la entidad en dicho pliego.
>
> Parágrafo. Modificado por el art. 8, Decreto Nacional 2025 de 2009. A criterio de la entidad, la audiencia a que se refiere el presente artículo podrá coincidir con aquella de que trata el numeral 4 del artículo 30 de la Ley 80 de 1993, o realizarse de manera previa a la apertura del proceso".

Como se aprecia, dicha norma contempla el principio de planeación, dado que los riegos previsibles, identificables y cuantificables por la entidad estatal, deben ser formulados y tenerse en cuenta de manera previa antes de la etapa contractual formalmente dicha.

Sobre el alcance de este principio, ha expresado el Consejo de Estado, Sección Tercera, Subsección C, en providencia de 15 de mayo de 2017, M.P. Dr. Jaime Enrique Rodríguez Navas, rad. 11001-03-26-000-2009-00024-00(36476):

> "Coherente con el propósito de fortalecer la planeación en los procesos de contratación estatal, la regulación introducida por la Ley 1150 de 2007 incorporó a la fase preparatoria de la licitación pública, la tarea de anticipar, estudiar, identificar, cuantificar, asignar y repartir el peso de los factores o circunstancias de peligro, amenaza o contingencias previsibles en la ejecución de la futura relación negocial, de forma tal, que los pliegos de condiciones que les fueran entregados a los interesados para la preparación de sus ofertas, ofrecieran a estos una fórmula definitiva para su distribución que les permitiera la anticipación en su oferta de un cuadro adecuado de conmutatividad prestacional. Se puede percibir en el texto legal la intención de limitar en el tiempo la oportunidad para la elaboración acabada de esta tarea, hasta una fase previa al inicio del plazo para presentación de ofertas, pues esta presentación, cuando es resultado de una planeación pertinente, supone el conocimiento definitivo del cuadro de distribución de

> los riesgos, pues no de otra manera puede el interesado preparar responsablemente una oferta que incorpore los costes que demanda la anticipación, el cubrimiento o la asunción de tales amenazas".

De tal suerte, que en la contratación estatal es menester realizar una etapa preliminar a la licitación pública, donde se identifiquen y cuantifiquen los riesgos, factores o contingencias previsibles que puedan ocurrir en el desarrollo o ejecución del contrato futuro, o en la relación contractual entre las dos partes –Entidad Pública y contratista–.

Así, debe existir en los Pliegos de Condiciones una fórmula, cuadro o tabla para calcular los posibles riesgos previsiones, con el fin de que sean incluidos y cuantificados en las ofertas presentadas.

De lo anterior se desprende que el principio de planeación es de naturaleza económica, guardando relación con el principio de economía, pues a través de él se busca prever los riesgos que pueden alterar las condiciones iniciales o anteriores del contrato, así como su valor o cuantificación y la medida o proporción en que deben asumirlos los responsables de los mismos o quienes soportar su carga.

El principio de planeación, visto de este modo, también permite o busca mantener las condiciones normales del contrato, el equilibrio económico entre las partes, y sobre todo asegurar que, pese a que concurran los riesgos previsibles, el objeto contractual pueda seguirse desarrollando en beneficio del interés general, así como resguardando, en parte, los principios de eficiencia y eficacia antes descritos.

Capítulo II
La responsabilidad civil

1. LA RESPONSABILIDAD

En la evolución del hombre a través de la historia no podemos hallar un momento preciso donde se haya acuñado el concepto de responsabilidad civil, sino que esté fue el resultado de la racionalización de la fuerza que en tiempos primitivos imperaba y de concebir reglas que permitirán lograr la convivencia al interior de una comunidad.

Con lo cual surgen las primeras normas para garantizar la armonía en una sociedad, que, aunque no podemos identificarlas plenamente con el sistema de responsabilidad manejado por la sociedad moderna, constituyen los cimientos de los futuros regímenes de responsabilidad civil, entre las cuales encontramos el surgimiento del principio de proporcionalidad de la sanción con la falta cometida, en donde la fijación de la indemnización tiene relación con el daño causado[1].

Haciendo relación a las enseñanzas bíblicas de Moisés, incorporadas en el Código Hammurabi, donde se establece en la ya distinguida ley del Talión, que traduce en que recibirás como castigo por tu comportamiento el mismo daño infringido otro, es decir, en otras palabras, con la misma vara midas serás medido[2]. Norma que posteriormente fue revaluada por las víctimas al considerar en que el hecho inferir al victimario el mismo daño recibido en muchas ocasiones no resarciría el perjuicio recibido, con lo cual se permitió que algunos de los perjuicios causados fueran indemnizados pecuniariamente.

---

1 Véase en http://www.derecho.unt.edu.ar/publicaciones/Introdresponsabilidadcivil.pdf

2 Así, por ejemplo, se establecía que, si un hombre roba un buey o una oveja, tendría que pagarlos cuatro o cinco veces. Como popularmente se dice ojo por ojo y diente por diente.

Al ser nuestro derecho de tradición continental, nos vemos que muchas de las instituciones que hoy rigen la responsabilidad civil provienen del derecho romano y de la ley Aquilia, la cual se encargó de unificar de todas las leyes que hablan del daño injusto, a tal punto que en cualquier manual de texto se utiliza la expresión responsabilidad aquiliana como sinónimo de responsabilidad civil extracontractual. "Debe su nombre al tribuno Aquilio quien realizó el plebiscito, según cuenta Ulpiano. Era sin embargo una ley que sobre todo reglamentaba la revancha o venganza, consistente en reconocer a un derecho a causar al responsable los mismos daños económicos sufridos"[3]. El régimen de responsabilidad instaurado por la ley aquilia inicialmente estaba integrado por tres capítulos, de los cuales haremos una breve referencia.

En el primero de los cuales se establece: "Que el hombre que hubiera matado con injuria al esclavo o la esclava ajena, a un cuadrúpedo o una res, sea condenado a pagar al dueño el precio mayor que tuvo en aquel año" y se agregaba luego que la acción sería por el duplo contra el que lo negase[4]. Capitulo donde la injuria se constituye en un elemento de la responsabilidad.

El capítulo segundo de la ley aquilia alude en igual sentido que el primero a la pérdida total de un bien protegido, pero se diferencia de los otros capítulos en los bienes que se ven vulnerados son cosas incorporales. El cual entro en desuso con la desaparición de la *adstipulatio* que fue excluida por la normatividad posterior sobre el tema de la representación.

El capítulo tercero, es complementario del primero, al determinar que las cosas que hubiesen sido quemadas, quebradas, rotas o deterioradas injustamente sea condenado el que causo el daño a cancelar al dueño de las mismas el valor de la cosa dentro de un término de treinta días[5].

Es importante resaltar que los capítulos primero y tercero de la ley aquilia incorporan el concepto de "injusto" como elemento constitutivo de la responsabilidad y que traduce en que la ofensa o

3 Jansen, Nils, *Estructura de un derecho europeo de daños. Desarrollo histórico y dogmática moderna*, working paper n° 128, Barcelona, abril de 2002, en www.indret.com

4 Digesto, Libro IX, Título II, Ley 2, citado en Peirano Facio Jorge, Responsabilidad Extracontractual, Ed. Temis, Bogotá, 1981, p. 102.

5 Ibíd, p. 4.

daño causado fue realizado contrario a derecho, la cual fue el origen de otras leyes sobre responsabilidad que hicieron parte del denominado derecho de Justiniano.

El derecho justinianeo admitió el concepto de la culpa como integrante de la imputabilidad moral, pero esté término no llego a tener la relevancia que en el sistema moderno posee, debido a que no fue incorporado dentro del sistema de la responsabilidad de manera directa, sino que fue producto de la derivación de la injuria. Por otra parte, en el derecho romano no se logró diferenciar los conceptos de indemnización con el de pena, toda vez que no se concibió la separación de la responsabilidad civil de la responsabilidad penal.

Fueron los doctrinantes franceses quienes lograron separar casi por completo la responsabilidad civil de la responsabilidad penal, por medio de autores como Domat y Pothier entre otros; fue esta etapa decisiva en el proyecto de desarrollar los elementos integradores de la responsabilidad civil, como disciplina autónoma a las demás del derecho, donde el concepto de la culpa como la reproche al actuar de un sujeto y que justifica la sanción impuesta, desemboca en el concepto de la responsabilidad.

Aporte importante, teniendo en cuenta que fue la doctrina y la jurisprudencia civil francesa sobre la responsabilidad civil la empleada como guía para el desarrollo del Código Civil de Chile por parte de don Andrés Bello, el cual fue posteriormente acogido por nuestro ordenamiento jurídico mediante la ley 57 de 1987 mediante la cual se expidió el Código Civil Colombiano.

2. LA RESPONSABILIDAD CIVIL

El concepto de responsabilidad no ha tenido uniformidad al momento de ser definido por parte de la doctrina, debido a dificultad de incluir en esta de los elementos constitutivos de la misma. Por su parte el Doctrinante Alberto Tamayo Lombana[6] en su obra establece: "La responsabilidad civil es fuente de obligaciones, por cuanto somete a quien ha ocasionado un perjuicio a otro, reparar

[6] Tamayo Lombana, Alberto. *La responsabilidad civil extracontractual y la contractual.* Bogotá: Ed. Doctrina y Ley Ltda., 2005. p. 19.

las consecuencias de este daño. Tal persona que resulta obligada a indemnizar es civilmente responsable".

Por otra parte, Mario Fernando PARRA GUZMÁN 7 define el concepto de responsabilidad civil como la obligación originada en el incumplimiento del contrato o en la ejecución de un hecho, ya sea con dolo o con culpa, generador de daño y cuyo resarcimiento es tutelado por la ley.

La referencia mencionada establece que la responsabilidad puede surgir como consecuencia del incumplimiento de obligaciones fijadas en un contrato o en el surgimiento de la responsabilidad extracontractual como consecuencia de la comisión de un delito (dolo) o un cuasidelito (culpa), mención que se incluye en el artículo 2341 del Código Civil:

> "El que ha cometido un delito o culpa, que ha inferido daño a otro, es obligado a la indemnización, sin perjuicio de la pena principal que la ley imponga por la culpa o el delito cometido".

La identificación de elementos integrantes de la responsabilidad hallamos la intencionalidad, bien ya sea por medio del dolo o la culpa, los encontramos referidos en la legislación civil, mediante la clasificación de estos describe el Código Civil, así:

"1. Culpa grave, negligencia grave, culpa lata, es la que consiste en no manejar los negocios ajenos con aquel cuidado que aun las personas negligentes o de poca prudencia suelen emplear en sus negocios propios. Esta culpa en materias civiles equivale al dolo.

2. Culpa leve, descuido leve, descuido ligero, es la falta de aquella diligencia y cuidado que los hombres emplean ordinariamente en sus negocios propios. Culpa o descuido, sin otra calificación, significa culpa o descuido leve. Esta especie de culpa se opone a la diligencia o cuidado ordinario o mediano.

3. El que debe administrar un negocio como un buen padre de familia, es responsable de esta especie de culpa.

---

7 PARRA GUZMÁN Mario Fernando. *Responsabilidad Civil.* Bogotá: Ed. Doctrina y Ley, 2010. p. 6.

3. Culpa o descuido levísimo es la falta de aquella esmerada diligencia que un hombre juicioso emplea en la administración de sus negocios importantes. Esta especie de culpas se opone a la suma diligencia o cuidado.

5. El dolo consiste en la intención positiva de inferir injuria a la persona o propiedad de otro"[8].

De lo anterior, podemos establecer que, al momento de la expedición de nuestro código civil, se incorporaba la intencionalidad con que actuare el causante del daño como un aspecto importante para determinar la responsabilidad extracontractual, bien sea por medio de la intención efectiva o los actos generadores fueron culposos.

Sin embargo, este elemento cada día pierde mayor relevancia y pasado a ser un elemento secundario, debido a dificultad de demostrar expresiones internas del causante del daño o cuando es daño es producto de accidentes, donde se hace imposible probar por parte del afectado la culpa. Esto ha generado que el enfoque objetivo de la responsabilidad sea acogido por las tendencias modernas para el resarcimiento del daño, sin entrar a determinar la intención de quien los provoco.

2.1. Responsabilidad moral

La responsabilidad moral surge cuando se ejecuta una violación a un precepto moral, la cual se da en el aspecto íntimo o subjetivo y por lo tanto por regla general carece de transcendencia para el derecho. Por lo que ha sido catalogado como aquella imputación que recibe una persona por la realización de un hecho o una omisión que es contraria a una teoría ética o unos valores moralmente establecidos al interior de una comunidad.

La responsabilidad moral hace referencia al carácter interno de las conductas, es decir, a la intencionalidad del sujeto que ejecutó la conducta, realizando un juicio de valor para establecer si es o no responsable moralmente por su comportamiento.

Es así, que el simple pensamiento podría acarrear una sanción moralmente pero que jurídicamente no tendría ninguna relevancia,

[8] Artículo 63 del Código Civil.

como, por ejemplo: Cuando un hombre casado por la iglesia católica desea tener relaciones extramatrimoniales, hecho que no configura ningún delito en sistema colombiano, pero si un reproche moral y ético, debido al compromiso que esta persona celebró ante la sociedad de respetar y honrar a su esposa hasta que la muerte los separe.

Algunos autores como MAZEAUD y TUNC[9] han propuesto como criterio para distinguir la responsabilidad moral de la responsabilidad jurídica ante quien se responde, es decir, quien realizará el reproche o juicio de valor, distinguiendo que si estamos frente a una responsabilidad moral lo haremos ante un Dios o ante nuestra conciencia y si es jurídicamente, será ante los hombres.

2.2. RESPONSABILIDAD JURÍDICA

La responsabilidad jurídica es la imputabilidad jurídica de un hecho jurídico causada por la culpabilidad (dolosa o no) de la persona o por el simple acaecimiento del hecho desligado de la culpabilidad (responsabilidad objetiva); que supone el nacimiento de obligaciones para el imputado, y el nacimiento de derechos para el sujeto que se encuentre en posición de reclamarlas.

También existe la responsabilidad penal, la cual no es objetiva, pues es menester que se dé el elemento de la culpabilidad, y sus fines no son perseguir una indemnización de carácter pecuniario, sino la imposición de una sanción o pena por haber transgredido la ley o lesionado o afectado el bien jurídico tutelado por esta.

Por su parte, en lo que atañe a la responsabilidad moral la encontramos en la interpretación del texto sagrado o en la concepción de lo que una sociedad considera como correcto, en la responsabilidad jurídica esta imputación es el producto de una norma jurídica expedida por el órgano legislativo correspondiente y la decisión de sancionar o se absolver al imputado se realizara por parte de la autoridad judicial estatal encargada de evaluar la conducta generadora del daño.

La responsabilidad jurídica históricamente ha sido clasificada de la siguiente manera: la responsabilidad individual y la responsabilidad colectiva, la responsabilidad jurídica directa y la responsabilidad jurídica indirecta.

---

9 PARRA GUZMÁN Mario Fernando. Op. Cit., p. 23.

La responsabilidad individual es la atribución es realizada en el individuo que perpetuo la conducta, mientras que la responsabilidad colectiva es la a pesar de a ver sido realizada por un sujeto o por algunos de ellos, recae sobre el grupo considerado en su conjunto.

La responsabilidad directa es aquella en donde existe identidad entre el causante del daño y es quien está en la obligación de soportar la sanción impuesta como consecuencia de su conducta. En el caso de la responsabilidad indirecta no existe identidad entre los que cometieron el injusto y quienes están convocados a responder por el resultado del mismo (por ejemplo, cuando la conducta fue consumada por un menor y sus padres son quienes están llamados a responder civilmente por los perjuicios).

3. CLASIFICACION DE LA RESPONSABILIDAD

Nuestro ordenamiento jurídico ha clasificado la responsabilidad civil en dos grandes ramas, la contractual y la extracontractual.

Los doctrinantes se han referido a la responsabilidad extracontractual como equivalente de la responsabilidad delictual, la cual a su vez se subdivide en dos: la responsabilidad civil delictual y la responsabilidad civil cuasidelictual.

De igual forma se adoptado por muchos autores asimilar los conceptos de responsabilidad extracontractual con el de responsabilidad aquiliana, la cual como habíamos referenciado anteriormente tiene su origen en la ley aquilia, que fuese expedida por los romanos como ley de daños.

3.1. RESPONSABILIDAD CIVIL CONTRACTUAL

La responsabilidad civil contractual la podemos definir como aquella que resulta de la inejecución parcial o total, o de la ejecución imperfecta o tardía de una obligación estipulada en un contrato valido celebrado entre las partes y el incumplimiento o complimiento imperfecto de algunas de las obligaciones estipuladas en él[10].

De la anterior definición podemos establecer que el daño puede ser ocasionado por tres tipos de incumplimiento contractual, que son:

---

[10] PARRA GUZMÁN. Mario Fernando. Op.Cit., p. 28.

a. *El incumplimiento puro y simple:* es el incumplimiento de las obligaciones contraídas plasmadas en el contrato por parte de uno de los contratantes, el cual puede ser de la totalidad de las obligaciones o algunas de ellas.

b. *El cumplimiento moroso:* se suscita cuando uno de los contratantes cumple con las obligaciones establecidas en el convenio, pero de forma extemporánea a los plazos pactados.

c. *El cumplimiento defectuoso:* se da cuando el cumplimiento de las obligaciones es imperfecto, es decir, el cumplimiento no satisface los requerimientos exigidos.

Ahora, la responsabilidad contractual también puede clasificarse de acuerdo a quien está en la obligación asumir la carga de la prueba, en otras palabras, determinar si el incumplimiento de la obligación se debe ser probado o si este se presume y por lo tanto debe ser desvirtuado por el deudor.

Prueba de la culpa. Le corresponde al acreedor que se siente afectado por la inejecución o la defectuosa ejecución probar que existió culpa del deudor, por no haber sido diligente en la realización del contrato, es decir, por no haber adoptado toda la capacidad, conocimiento y esfuerzo en alcanzar el objetivo fijado en el acuerdo. Por lo tanto, es el afectado a quien le corresponde demostrar la negligencia por parte del deudor para alcanzar el resultado esperado, no es suficiente probar que no se logró el fin, puesto que el deudor no está en la obligación de garantizar el resultado.

Culpa presunta. Existen obligaciones que imponen al deudor la obtención del resultado acordado en el contrato, en el evento de no lograrse el objetivo se presume la culpa del demandado. El acreedor solo deberá demostrar que el resultado esperado no se cumplió y el incumplimiento hace presumir la culpa del deudor, quien tiene la obligación de destruir la presunción de culpa probando la ausencia de culpa o argumentando una causa extraña (fuerza mayor, caso fortuito, culpa de la víctima, hecho de un tercero).

Existen algunas obligaciones en las cuales no hay que probar la culpa, el afectado únicamente tendrá la necesidad de probar el perjuicio y la relación de causalidad, por ejemplo: responsabilidad de los bancos por pago de cheques falsos (art.732 y 1391 c.co., Responsabilidad por accidentes de trabajo. S.S.T, art. 199 y art. 9

del decreto 1295 de 1994., responsabilidad de la administración por perjuicios ocasionados al ejecutar obras públicas. Responsabilidad por daños causados en desarrollo del transporte internacional (convenio de Varsovia Colombia es adherente). En estos eventos podemos establecer que se prescinde del concepto de culpa como elemento integral de la responsabilidad.

3.2. Responsabilidad civil extracontractual

La responsabilidad civil extracontractual o Aquiliana se origina en la inobservancia de las reglas legales que condicionan la vida social, cuya vigencia se impone a todos. También conocida como responsabilidad delictual o cuasidelictual, en la cual mediante un acto se causa un daño al prójimo, el cual puede ser con intencionalidad (delictual) o es producto de negligencia, incuria, impericia, imprudencia (cuasidelictual).

En contraposición con la responsabilidad contractual en donde existe una relación jurídica entre el deudor y el acreedor, en la responsabilidad extracontractual se caracteriza por que el daño ocasionado a la víctima no emana de una relación jurídica anterior, como lo es el contrato sino en cualquier otro tipo de actividad.

Javier Tamayo Jaramillo la define como "todo comportamiento ilícito que no se derive de la inejecución de un contrato válidamente celebrado entre el demandante y el demandado, genera responsabilidad extracontractual si se le ha causado daño a un tercero"[11]

Para Louis Josserand[12], se presenta la responsabilidad extracontractual, cuando un individuo causa un daño, directa o indirectamente, por su hecho activo o por su negligencia, un daño que no se reduce a la inejecución de una obligación contractual preexistente.

Para el autor colombiano Mario Parra Guzmán, la responsabilidad extracontractual es aquella que involucra la obligación de indemnizar los daños ocasionados sin que haya mediado un contrato. Responde al principio *alterum non laedere,* según el cual, nadie está obligado a soportar el daño[13].

---

11 Tamayo Jaramillo, Javier. *De la responsabilidad,* Tomo II, Ed. Temis, Bogotá, 1999, p. 1.

12 Josserand, Louis. *Teoría general de las obligaciones,* Ed. Leyer, Bogotá, 2007, p. 227.

13 Parra Guzman, obra citada, p. 89.

La responsabilidad extracontractual se encuentra divida en tres grandes instituciones, que son: 1. Responsabilidad por el hecho propio. 2. Responsabilidad civil por el hecho ajeno. 3. Responsabilidad por el hecho de las cosas o actividades peligrosas.

De esta forma, se puede estudiar cada una de ellas, detallándolas así:

1. *Responsabilidad por el hecho propio*: Encuentra su sustento jurídico en el artículo 2341 del código civil[14]. En el cual se sanciona al autor del daño por haber infringido o quebranto con la conducta asumida la obligación que tiene todo individuo al interior de una sociedad de ajustar su comportamiento al respeto de los derechos de los demás y de proceder con prudencia y diligencia.
2. *Responsabilidad por el hecho ajeno:* Toda persona es responsable no solo por sus propias acciones para el efecto de indemnizar el daño sino del hecho de aquellos que estuvieren a su cuidado. La responsabilidad surge como consecuencia de la falta de vigilancia y control sobre las personas que están bajo su custodia o son subordinados, lo encuentra su fundamento en el código civil en los artículos 2347 y 2349 principalmente.
3. *Responsabilidad por el hecho de las cosas o actividades peligrosas:* Se ha establecido que además de la responsabilidad imputable por los actos propios y los de sus dependientes o subordinados, también se debe responder por los hechos dañosos que sean causados por las cosas animadas o inanimadas.

   Dentro de los cuales la doctrina distingue los hechos causados por los animales, la responsabilidad por la ruina de un edificio, la responsabilidad por las cosas que caen de lo alto de una edificación y la responsabilidad por las actividades peligrosas.

La enunciación establecida en el código civil no es taxativa sino meramente enunciativa, por lo que el daño causado por una cosa ya sea animada o inanimada debe ser indemnizado.

Respecto de las actividades peligrosas el Consejo de Estado lo ha dicho: "La responsabilidad derivada del ejercicio de actividades

---

[14] Artículo 2341: *El que ha cometido un delito o culpa, que ha inferido daño a otro, es obligado a la indemnización, sin perjuicio de la pena principal que la ley imponga por la culpa o el delito cometido.*

peligrosas "se encuentra por completo desligada de toda consideración sobre culpa o diligencia o prudencia de quien ocasiona el daño con fundamento en el principio *ubi emolumentum ibi onus esse debet* (donde está la utilidad debe estar la carga) que hace responsable de los perjuicios a quienes crean situación de peligro"[15].

4. RESPONSABILIDAD SUBJETIVA Y OBJETIVA

La responsabilidad subjetiva se funda en la culpa o el dolo del causante del daño. Es decir, al momento de estudiar la responsabilidad se debe establecer que ocurrió un daño y que el mismo fue como consecuencia de un actuar intencional o culposo del autor del daño, por lo que es indispensable al momento de atribuir responsabilidad que concurran tres elementos como son: el daño, el actuar dolo o culposo y el nexo causal entre el actuar dolo o culposo y el daño ocasionado.

En este sentido, la responsabilidad subjetiva es atribuible a las personas que posean poder de discernimiento, por lo tanto, este tipo de responsabilidad no es atribuible aquellas personas que carezcan de esta facultad[16].

En la responsabilidad subjetiva podemos encontrar dos tipos de obligaciones que son las de medio y las de resultado. En este ámbito de la responsabilidad es importante destacar las obligaciones de medio en las cuales se debe acreditar la culpa del deudor, esto es, si obro con diligencia y prudencia[17].

En cambio, en las obligaciones de resultado se presume la culpa del deudor, y es este quien tiene la obligación de desvirtuar esta presunción mediante las causales excluyentes de responsabilidad.

Por otra parte, la responsabilidad objetiva prescinde de la intencionalidad del causante del daño y se funda en la teoría del riesgo, por lo que la responsabilidad se configura con el hecho generador del daño, sin tener presente si este fue cometido con culpa o dolo. Por lo tanto, la responsabilidad solamente estará integrada por dos

---

15 Consejo De Estado, Sección Tercera, MP. Dr. Hoyos Duque Ricardo, sentencia del 25 de septiembre de 1997.

16 De conformidad con nuestro ordenamiento están excluidas los dementes, los infantes e impúberes.

17 Parra Guzmán, obra citada, p. 24.

elementos que son el daño causado y la relación de causalidad entre el hecho y el daño causado.

Así, no es necesario ingresar a indagar si el daño causa fue como consecuencia de una actitud intencional o fue producto de acto de negligencia, toda vez que este elemento no hace parte de la responsabilidad objetiva.

4.1. OBLIGACIONES DE MEDIO

Las obligaciones han sido clasificadas por la doctrina entre aquellas en las cuales no se garantiza un resultado, en las que el deudor se obliga a desplegar una conducta diligente e independientemente del resultado, a las que se denomina *obligaciones de medio,* y aquellas en las cuales el deudor se obliga con la obtención de un resultado, a las cuales se denominan *obligaciones de resultado.*

De acuerdo con lo anterior, las obligaciones de medio, pueden definirse de esta forma: "se entiende por obligación de medios aquella obligación en la cual la prestación debida consiste en el despliegue de una actividad del deudor, dirigida a proporcionar, de forma mediata, la satisfacción del interés del acreedor, o lo que es lo mismo, en el desarrollo de una conducta diligente encaminada a conseguir el resultado previsto por el acreedor al contratar.

Esto es, el deudor debe poner los medios a través de una actuación diligente, que posibiliten al acreedor obtener el resultado o fin práctico esperado al contraer la obligación, resultado que, sin embargo, no forma parte de la prestación, no está *in obligatione*. Consiguientemente, su cumplimiento e incumplimiento son independientes de la obtención del resultado esperado por el acreedor y dependen únicamente de la actuación diligente o negligente del deudor"[18].

En otras palabras, el deudor promete emplear todos los medios para obtener la ventaja que interesa al acreedor, aunque no queda obligado a alcanzarla.

[18] LOBATO GÓMEZ, J.M. *Contribución al estudio de la distinción entre obligaciones de medios y obligaciones de resultado.* En: Anuario de Derecho Civil., 1992, pp 651 y ss.

Alberto TAMAYO LOMBANA[19] las define como: es aquella que impone al deudor el deber de emplear al servicio del acreedor los medios de que dispone, y de observar especial cuidado y diligencia con miras a alcanzar un fin; pero entendiéndose el deudor no ha asegurado la obtención de ese fin, no ha garantizado el resultado.

Por su parte el honorable Consejo de Estado mediante providencia del 24 de junio de 1998, estableció respecto de las obligaciones de medio y las de resultado lo siguiente, "Cuando la obligación es de medio el deudor se exonera de responsabilidad probando diligencia y cuidado, en tanto que cuando la obligación es de resultado, éste deberá probar una causa extraña. O visto desde otro ángulo, cuando la responsabilidad se fundamenta en la culpa la obligación que se contrajo es de medio y cuando se responde a título objetivo la obligación incumplida es de resultado.

Por ello, aunque en la legislación colombiana no figura dicha clasificación, a ella se puede acudir a partir del régimen de responsabilidad que se aplique frente a determinadas obligaciones, bien por virtud de la ley o del desarrollo jurisprudencial"[20].

Por lo tanto, en este tipo de obligación el deudor habrá cumplido su obligación cuando haya empleado los medios requeridos, ha puesto la diligencia y cuidado requerido para alcanzar el fin pretendido, sin importar si mediante estos se logró el resultado pretendido. Por lo tanto, la no obtención del resultado pretendido no genera responsabilidad en el deudor, de esta manera le corresponderá al acreedor la carga de la prueba y es este quien debe probar que el resultado pretendido no se alcanzó por la negligente o por la no utilización de los medios requeridos por parte del deudor y ese fue el motivo por el cual no se obtuvo el fin pretendido.

Tal es el caso, cuando un médico realiza en un paciente un tratamiento para curar una enfermedad pero por razones ajenas a la voluntad del galeno el paciente fallece, la obligación del médico no es garantizar la cura del paciente y evitar de esta manera el deceso del mismo, sino poner a disposición del enfermo todos sus conocimientos

---

19 TAMAYO LOMBANA, Alberto. *Manual de obligaciones.* Bogotá: Ed. Rodríguez Quito, 1986. p. 18.

20 CONSEJO DE ESTADO, Sección Tercera, MP. Hoyos Duque Ricardo, Sentencia del 24 de junio de 1998, exp. 10530

y diligencia del caso, con lo cual se entiende cumplida su obligación, y es el acreedor el que tiene la obligación de demostrar la culpa del médico en el deceso del paciente, probando que fue negligente y que no puso todos los medios que este poseía para evitar el resultado fatal.

4.2. OBLIGACIONES DE RESULTADO

En las obligaciones de resultado el deudor se compromete con la obtención de la prestación prometida, de tal manera que el deudor solo se libera de su obligación con el cumplimiento de la misma, de tal suerte que si esta no se realiza se presume la culpa del obligado y como consecuencia se invierte la carga de la prueba.

En este tipo de obligaciones no le basta al deudor demostrar que su conducta su desarrollada con diligencia y prudencia, sino que el incumplimiento de su obligación obedeció a factores externos a su conducta, los cuales se constituyen en una causa extraña y lo exonera de la responsabilidad atribuida.

Así, sobre las obligaciones de resultado ha expresado la doctrina: "por el contrario, se entiende por obligaciones de resultado aquéllas en las que el deudor se obliga de forma directa e inmediata a la satisfacción del interés del acreedor, mediante la obtención de un resultado pactado que integra la prestación, un resultado que está in obligatione. Por tanto, su cumplimiento o incumplimiento dependerán directamente de la producción o no del resultado y, en cierta medida, serán independientes del grado de diligencia que emplee el deudor en el cumplimiento de la obligación"[21].

Tal es el caso del contrato de transporte, el cual impone al transportador la obligación de resultado, bien sea de personas y/o de pasajeros. El transportador se obliga a transportar a los pasajeros y las mercancías de forma sana y salva al destino pactado en el contrato. Ante lo cual el acreedor deberá demostrar la existencia de la obligación y alegará su inejecución, por lo tanto, el acreedor quedará exento de probar la culpa de transportador y es a este que le corresponderá probar el cumplimiento de su obligación.

---

21 Ibídem.

5. ELEMENTOS DE LA RESPONSABILIDAD

La responsabilidad civil posee tanto en la contractual como en la extracontractual algunos elementos en comunes. Los cuales deben estar presentes al momento de endilgar responsabilidad. Estos elementos han determinados a lo largo de la evolución de la responsabilidad y son los siguientes: 1) Una conducta dañosa 2) Un daño injusto 3) La relación de causalidad.

5.1. La conducta dañosa

En nuestro concepto es preciso hablar de conducta dañosa y no del elemento culpa como algunos tratadistas, como los hermanos MAZEAUD, inicialmente lo concebían, puesto que algunas instituciones de la responsabilidad descartan el elemento culpa al momento de atribuir responsabilidad, tal es el caso de la responsabilidad objetiva donde la intencionalidad del actor del daño no tiene cabida y solo se observa el comportamiento del este en relación con el daño. Este comportamiento puede ser voluntario o involuntario, público o privado, consciente o inconsciente, dependiendo de la situación que se presente.

En la responsabilidad civil es esencial que haya un comportamiento mediato o inmediato del responsable[22]. Este comportamiento producirá efectos jurídicos cuando bien sea mediante una conducta activa u omisiva se produzca un daño de forma ilícita.

La conducta activa la encontramos en el actuar de un individuo respecto de una obligación precisa, como en las estipuladas en un contrato, donde se obliga a desarrollar determinadas actividades o en general mediante la presión social que ejerce la comunidad de exigir un comportamiento establecido que resguarde los derechos de sus miembros al momento que se realiza una determinada conducta que puede conducir a una responsabilidad extracontractual. Mientras que la conducta omisiva hace relación al no actuar de un individuo cuando las circunstancias del hecho lo exigían o cuando se ha obligado contractualmente efectuar un comportamiento activo.

Nuestra legislación establece de sus miembros un comportamiento cuidadoso y prudente al momento de realizar determinadas

---

22 Tamayo Jaramillo, obra citada, p. 171.

actividades, tal es así, que cuando se produce un hecho dañoso se presume que existió por parte del sujeto civilmente responsable un descuido o una negligencia en su actuar y este fue el motivo por el cual sucedió el hecho daño y por lo tanto tendrá la obligación de reparar los perjuicios ocasionados.

Sin embargo, existen instituciones de la responsabilidad civil que requieren que la evaluación de la conducta desplegada por el agente generador del daño, lo cual se realiza a través la calificación jurídica establecida para la conducta, la misma se divide en el actuar con intención también denominada dolo y el actuar sin intención denominada culpa.

5.1.1. La culpa como elemento

A pesar de que hemos establecido que la culpa no se considera un elemento de la esencia la responsabilidad civil, debemos precisar que existen instituciones que hoy todavía exigen que la probar la culpa para de esta forma poder establecer la responsabilidad. Como ya especificado la culpa se encuentra graduado por el código civil en tres: la culpa levísima, la culpa leve y la culpa grave o lata.

El requisito de probar la culpa lo podemos encontrar tanto en la responsabilidad extracontractual como en la contractual, por lo tanto, este elemento no exclusivo de la responsabilidad extracontractual como se cree, toda vez que, en las obligaciones de medio surgidas en contrato, este elemento jugar un papel importante para determinar la responsabilidad del deudor.

5.1.2. Prueba de la culpa

El principio del derecho establece que le corresponde al demandante probar los hechos bajo los cuales se sustenta sus pretensiones, lo cual traduce que le corresponde en principio al afectado con el daño a probar la intencionalidad o la negligencia o descuido del agente generador del daño[23], para de esta manera poder salir avante en el logro del resarcimiento del daño sufrido.

---

23 Artículo 2341 del Código Civil.

Sin embargo, existen eventos en que la carga de la prueba se invierte y la obligación de probar la ausencia de responsabilidad se radica en cabeza de la parte demandada, es lo que en la responsabilidad civil se conoce como la presunción de culpabilidad, es decir, se presume que el comportamiento del deudor es culposo y por lo tanto el acreedor queda liberado de probar la culpa de su deudor.

Esta presunción la encontramos en la responsabilidad extracontractual por ejemplo cuando se hace referencia a la responsabilidad por el hecho ajeno[24] y en materia contractual por regla general se presume que cuando no se alcanza el fin pretendido la culpa del deudor[25].

5.2. Daño

El término de daño proviene del latín "*damnum*" y está relacionado con causar un perjuicio, menoscabo, destrucción, ofensa o dolor que se ocasiona a una persona, los bienes, valores sociales o morales de un tercero.

El profesor López Mesa[26] define el daño como: todo detrimento, mengua o menoscabo que sufre una persona, en sus bienes patrimoniales o económicos, en ciertas condiciones –daño material– e hipótesis particulares la lesión al honor o a las afecciones íntimas, o en general a los llamados derechos "de la personalidad o personalísimos" –daño moral o extrapatrimonial–.

Este elemento esencial para la configuración de la responsabilidad civil, no se encuentra definido por nuestro Código civil, sin embargo, esto no ha sido óbice para que haya sido definido por la doctrina y la jurisprudencia, las cuales han determinado las características del daño, las cuales son las siguientes:

a). *Directo:* Que el daño sufrido haya sido ocasionado directamente al sujeto titular de la acción de resarcimiento, en otras palabras, que el acreedor pretenda la reclamación de un daño que le es propio y no sea producto de los daños sufridos por un tercero.

---

24 Artículo 2347 del Código Civil.

25 Artículo 1730 del Código Civil.

26 Lopez Mesa, Marcelo J. *Elementos de la responsabilidad civil*. Bogotá: Ed. Biblioteca Jurídica Dike, 2009, p. 64.

b). *Actual:* El daño que se presente ser indemnizado debe haberse causado, es decir, aquel que ya sea producido. De manera excepcional el daño futuro podrá ser indemnizado y solo será objeto indemnizable cuando exista certidumbre en su configuración. La Corte Suprema de Justicia al respecto dijo: "El daño futuro es indemnizado a condición de que en el momento presente resulte cierto que se realizará. Es inadmisible conceder la reparación por perdidas puramente futuras y eventuales, porque se ignora su extensión y cuantía"[27].

C). *Cierto:* Que efectivamente se haya ocurrido el daño, es decir, que debe existir certeza sobre la ocurrencia de este, por lo que debe constituir una afección al patrimonio de bienes y derechos demostrables tanto en cuanto a su existencia y como a su extensión[28]. Caso contrario acontece con el daño eventual, del cual no tenemos certeza de que se configure y por lo tanto no es indemnizable este tipo de daño.

Los perjuicios causados pueden clasificarse en perjuicios patrimoniales o materiales y extrapatrimoniales o morales. Siendo el daño patrimonial aquel menoscabo ocasionado a los bienes y derechos que componen el patrimonio, bien sea de manera directa (Daño emergente) o de manera indirecta (Lucro cesante). Los cuales se encuentran definidos por nuestro Código Civil en el artículo 1614 que establece: "Entiéndese por daño emergente el perjuicio o la pérdida que proviene de no haberse cumplido la obligación o de haberse cumplido imperfectamente, o de haberse retardado su cumplimiento; y por lucro cesante, la ganancia o provecho que deja de reportarse a consecuencia de no haberse cumplido la obligación, o cumplido imperfectamente, o retardado su cumplimiento".

Por otra parte, el daño moral se entiende la afectación que una persona sufre en sus sentimientos, afectos, creencias, decoro, honor, reputación, vida privada, configuración y aspecto físicos, o bien en la consideración que de sí misma tienen los demás. Se presumirá que hubo daño moral cuando se vulnere o menoscabe ilegítimamente la libertad o la integridad física o psíquica de las personas[29].

---

27 C.S. J. Sala Civil. Sentencia del 20 de noviembre de 1943, Gaceta judicial tomo LVII, p. 238.

28 LOPEZ MESA, obra citada, p. 67.

29 Artículo 1916 del Código Civil Federal de México.

El resarcimiento del daño moral atiende a la lesión de los derechos sin contenido patrimonial que son primordiales para todo ser humano, y no a cualquier molestia, inconveniente o perturbación secundaria[30]

5.3. Relación de causalidad

Se ha considerado que la relación de causalidad es un elemento necesario, imprescindible en todos los casos de la responsabilidad civil, el cual es definido como la relación necesaria y eficiente entre la conducta imputada y probada o presumida, según el caso, con el daño demostrado o presumido.

Sobre el particular, la jurisprudencia ha establecido dos teorías: 1. La equivalencia de las condiciones que señala que todas las causas que contribuyen en la producción de un daño se consideran jurídicamente causantes del mismo, teoría que fue desplazada por la causalidad adecuada, en la cual el daño se tiene causada por el hecho o fenómeno que normalmente ha debido producirlo.

Dicho de otro modo, la primera teoría refiere a que todas las situaciones que anteceden a un resultado tienen la misma incidencia en su producción y, en consecuencia, todas son jurídicamente relevantes, pues "partiendo de un concepto de causalidad natural, todas las condiciones del resultado tienen la misma incidencia y equivalente calidad causal"[31].

Por su parte, la otra teoría, sobre la causalidad adecuada, la acción o la omisión que causa un resultado es aquella que normalmente lo produce"[32].

6. RESPONSABILIDAD EN LA CONTRATACIÓN ESTATAL

6.1. Responsabilidad de la entidad estatal

De conformidad con lo establecido en el Artículo 50 de la Ley 80 de 1993, las entidades responderán por las actuaciones, abstenciones,

---

30 Lopez Meza, Marcelo J. *Tratado de la responsabilidad civil. Cuantificación del daño,* Ed. La Ley, Buenos Aires, 2006, p. 133.

31 Consejo de Estado. Sala de lo Contencioso Administrativo, Sección Tercera, sentencia del 11 de noviembre de 2002, expediente 13818.

32 Ibídem.

hechos y omisiones antijurídicos que les sean imputables y que causen perjuicios a sus contratistas. En tales casos deberán indemnizar la disminución patrimonial que se ocasione, la prolongación de la misma y la ganancia, beneficio o provecho dejados de percibir por el contratista.

Frente al tema de la responsabilidad estatal la Corte Constitucional[33] se ha pronunciado en los siguientes términos:

> "La Corte estima que el inciso primero del presente artículo es exequible, pues si bien sólo hace alusión a la responsabilidad del Estado –a través de sus agentes judiciales– por falla del servicio, ello no excluye, ni podría excluir, la aplicación del artículo 90 superior en los casos de la administración de justicia. En efecto, sin tener que entrar a realizar análisis alguno acerca de la naturaleza de la responsabilidad estatal y sus diversas modalidades –por escapar ello a los fines de esta providencia–, baste señalar que el principio contemplado en el artículo superior citado, según el cual todo daño antijurídico del Estado –sin importar sus características– ocasiona la consecuente reparación patrimonial, en ningún caso puede ser limitado por una norma de inferior jerarquía, como es el caso de una ley estatuaria. Ello, en vez de acarrear la inexequibilidad del precepto, obliga a una interpretación más amplia que, se insiste, no descarta la vigencia y la aplicación del artículo 90 de la Carta Política".
>
> Por todo lo anterior, la Corte considera que la expresión acusada no vulnera en sistema la Constitución, siempre y cuando se entienda que ella no excluye la aplicación directa del artículo 90 de la Carta al ámbito contractual. En cambio, la disposición Impugnada puede generar situaciones inconstitucionales si se concluye que el artículo 50 de la Ley 80 de 1993 es el único fundamento de la responsabilidad patrimonial del Estado en materia contractual, por cuanto ello implicaría una ilegítima restricción del alcance del artículo 90 que, como se ha visto, consagra una cláusula general de responsabilidad que engloba los distintos regímenes en la materia. Por ello la Corte declarará la citada expresión exequible, pero de manera condicionada, pues precisará que el artículo 50 de la Ley 80 de 1993 no constituye el fundamento único de la responsabilidad patrimonial del Estado en el campo contractual, por lo cual el artículo 90 de la Constitución es directamente aplicable en este campo.
>
> Aun cuando la demandante sólo acusó la expresión "las entidades responderán por las actuaciones, abstenciones, hechos y omisiones", lo cierto es que la misma no podía ser estudiada sin analizar global-

33 CORTE CONSTITUCIONAL. Sentencia C-333 de 1 de agosto de 1996. M.P. Alejandro Martínez Caballero.

> mente la frase de la cual hace parte, pues forma con ella una unidad Inescindible de sentido. Por ello la Corte declarará exequible toda la primera frase del artículo 50 de la Ley 80 de 1993, en el entendido de que ella debe ser interpretada en consonancia con el artículo 90 de la Constitución, puesto que esa norma constitucional se aplica también en relación con la responsabilidad contractual del Estado"[34].

Por otra parte, el mismo Consejo de Estado se pronunció respecto a la indemnización a quien no se le adjudicó un contrato en un proceso licitatorio teniendo derecho a ello[35].

Para dar un mejor alcance a la responsabilidad estatal, debe precisarse que el Consejo de Estado, Sección Tercera, expresó en Sentencia de 26 de marzo de 2008, Exp. 16530, reiterada en la Sentencia de la Subsección A, de 11 de junio de 2014, Consejero ponente: Hernán Andrade Rincón (e), Radicación número: 68001-23-15-000-1995-11092-01(28728):

> "La Jurisprudencia reiterada de la Sección Tercera del Consejo de Estado ha considerado que como corolario del principio general de responsabilidad estatal consagrado en el artículo 90 de la Constitución Política, el Estado debe responder patrimonialmente por las acciones u omisiones contrarias a Derecho que le sean atribuibles e incluso por aquellas conductas lícitas en cuanto unas u otras ocasionen daños antijurídicos, así como también ha sido reconocida la operatividad de regímenes en los cuales no se precisa del acaecimiento de falta o falla alguna en el funcionamiento del servicio para que resulte posible deducir responsabilidad a la entidad normativamente encargada de prestarlo; se trata de los denominados regímenes de responsabilidad "sin culpa" o "sin falta", en los cuales la obligación de indemnizar a cargo del Estado puede ser declarada con independencia de que la actividad de éste o la conducta –activa u omisiva– de sus agentes, se encuentre plenamente conforme con el ordenamiento jurídico; son los referidos eventos, aquellos en los cuales esta Corporación ha reconocido y estructurado los catalogados como títulos jurídicos objetivos de imputación de responsabilidad extracontractual del Estado, entre ellos el basado en el riesgo excepcional".

34 En el mismo sentido, se pronunció el Consejo de Estado en las sentencias de Sala de lo Contencioso Administrativo. Sección Tercera, del 8 de mayo de 1995. Expediente 8118. M.P. Juan de Dios Montes Hernández y del 13 de julio de 1993, Expediente 8163. M.P. Juan de Dios Montes Hernández.

35 Consejo de Estado. Sección Tercera. Sentencia del 27 de noviembre de 2002, exp. 13792. M.P. María Elena Giraldo Gómez.

6.2. RESPONSABILIDAD DEL CONTRATISTA

De acuerdo con lo dispuesto en el artículo 26 de la Ley 80 de 1993, en todas las actuaciones contractuales debe tenerse en cuenta el Principio de Responsabilidad de que trata el artículo 26 de la Ley 80 de 1993, así:

> "En virtud de este principio:
>
> 1o. Los servidores públicos están obligados a buscar el cumplimiento de los fines de la contratación, a vigilar la correcta ejecución del objeto contratado y a proteger los derechos de la entidad, del contratista y de los terceros que puedan verse afectados por la ejecución del contrato.
>
> 2o. Los servidores públicos responderán por sus actuaciones y omisiones antijurídicas y deberán indemnizar los daños que se causen por razón de ellas.
>
> 3o. Las entidades y los servidores públicos, responderán cuando hubieren abierto licitaciones sin haber elaborado previamente los correspondientes pliegos de condiciones, diseños, estudios, planos y evaluaciones que fueren necesarios, o cuando los pliegos de condiciones hayan sido elaborados en forma incompleta, ambigua o confusa que conduzcan a interpretaciones o decisiones de carácter subjetivo por parte de aquellos.
>
> 4o. Las actuaciones de los servidores públicos estarán presididas por las reglas sobre administración de bienes ajenos y por los mandatos y postulados que gobiernan una conducta ajustada a la ética y a la justicia.
>
> 5o. La responsabilidad de la dirección y manejo de la actividad contractual y la de los procesos de selección será del jefe o representante de la entidad estatal quien no podrá trasladarla a las juntas o consejos directivos de la entidad, ni a las corporaciones de elección popular, a los comités asesores, ni a los organismos de control y vigilancia de la misma.
>
> 6o. Los contratistas responderán cuando formulen propuestas en las que se fijen condiciones económicas y de contratación artificialmente bajas con el propósito de obtener la adjudicación del contrato.
>
> 7o. Los contratistas responderán por haber ocultado al contratar, inhabilidades, incompatibilidades o prohibiciones, o por haber suministrado información falsa.
>
> 8o. Los contratistas responderán y la entidad velará por la buena calidad del objeto contratado.

> "9. Los pliegos de condiciones o sus equivalentes deberán incluir la estimación, tipificación y asignación de los riesgos previsibles involucrados en la contratación[36].
>
> En las licitaciones públicas, los pliegos de condiciones de las entidades estatales deberán señalar el momento en el que, con anterioridad a la presentación de las ofertas, los oferentes y la entidad revisarán la asignación de riesgos con el fin de establecer su distribución definitiva".

En los términos del Artículo 52 de la Ley 80 de 1993:

> "Los contratistas responderán civil y penalmente por sus acciones y omisiones en la actuación contractual en los términos de la ley.
>
> Los consorcios y uniones temporales responderán por las acciones y omisiones de sus integrantes, en los términos del artículo 7o. de esta ley."

Ahora bien, el Artículo 7° de la Ley 80 de 1993, al referirse a *los Consorcios y Uniones Temporales* trae la siguiente definición para efectos de esta ley, así:

> "1. *Consorcio:* cuando dos o más personas en forma conjunta presentan una misma propuesta para la adjudicación, celebración y ejecución de un contrato, respondiendo solidariamente de todas y cada una de las obligaciones derivadas de la propuesta y del contrato. En consecuencia, las actuaciones, hechos y omisiones que se presenten en desarrollo de la propuesta y del contrato, afectarán a todos los miembros que lo conforman"[37].
>
> "2. *Unión Temporal:* cuando dos o más personas en forma conjunta presentan una misma propuesta para la adjudicación, celebración y ejecución de un contrato, respondiendo solidariamente por el cumplimiento total de la propuesta y del objeto contratado, pero las sanciones por el incumplimiento de las obligaciones derivadas de la propuesta y del contrato se impondrán de acuerdo con la participación en la ejecución de cada uno de los miembros de la unión temporal.
>
> *Parágrafo 1º.* Los proponentes indicarán si su participación es a título de consorcio o unión temporal y, en este último caso, señalarán los términos y extensión de la participación en la propuesta y en su ejecución, los cuales no podrán ser modificados sin el consentimiento previo de la entidad estatal contratante.

---

[36] Adicionado por el artículo 4 de la Ley 1150 de 2007.

[37] El cual fue reglamentado por el Decreto 1436 de 1998.

> Los miembros del consorcio y de la unión temporal deberán designar la persona que, para todos los efectos, representará al consorcio o unión temporal y señalarán las reglas básicas que regulen las relaciones entre ellos y su responsabilidad.
>
> *Parágrafo 3o.* En los casos en que se conformen sociedades bajo cualquiera de las modalidades previstas en la ley con el único objeto de presentar una propuesta, celebrar y ejecutar un contrato estatal, la responsabilidad y sus efectos se regirán por las disposiciones previstas en esta ley para los consorcios."

En ese sentido, el Consejo de estado se ha pronunciado precisando la responsabilidad que cabría a los partícipes de un consorcio:

> "El ente consorcial, que no tiene una regulación sistematizada en la legislación del país, se caracteriza como un contrato asociativo de empresas o empresarios, con vinculaciones de carácter económico, jurídico y técnico, para la realización o ejecución de determinadas actividades o contratos, pero sin que la simple asociación genere una persona jurídica distinta de las de los partícipes o consorciados, quienes conservan su autonomía, independencia y facultad de decisión (v. C.Co., arto 98). Tampoco es sociedad de hecho, pues no se cumplen los presupuestos de estos entes (v. arts. 498 y 499), como lo concluye el Tribunal, dándose por establecido, que los consorciados o partícipes tienen obligaciones y deberes entre sí y frente al destinatario de la propuesta o al contratante, que provienen del acuerdo o contrato en que se origina el consorcio, pero no respecto de terceros.
>
> De otro lado, si bien el parágrafo 2° del artículo 7° de la Ley 80 de 1993 invocado por la parte demandada dice que a los consorcios les son aplicables las normas del estatuto tributario, esto debe entenderse exclusivamente en cuanto concierne a la determinación del hecho imponible o acto generador, la fijación de la base gravable, la aplicación de la tarifa y la liquidación del impuesto, y no en lo que respecta a la responsabilidad solidaria por el pago del impuesto que pretende deducir la administración.
>
> (...).
>
> Cabe precisar, así mismo, que la solidaridad que se predica en los artículos 793, literal e, y 794 del estatuto tributario, es específica de los "entes colectivos" y personas que dichas normas relacionan, no de los consorcios y sus partícipes o consorciados, pues éstos no se identifican con los citados entes y personas. En especial el artículo 794 consagra una responsabilidad solidaria "de los socios, copartícipes, asociados, cooperados, accionistas y comuneros" que no puede ser cobijada por el parágrafo segundo del artículo 7° de

> la Ley 80 de 1993, pues en él en forma por demás clara se hace extensivo al consorcio el régimen tributario de las "sociedades" sin que tal alusión puede extenderse a "los socios, copartícipes, asociados, cooperados, accionistas y comuneros" de las mismas como lo hacen los actos acusados"[38].

Como se aprecia, los consorcios y uniones temporales se pueden presentar a las licitaciones públicas, mediante ofertas extendidas por estos, y responderán por sus acciones u omisiones relacionadas con la misma, en los términos de las normas precedentes.

6.2.1. Término legal de la responsabilidad de los contratistas de obra pública

Con relación al término legal establecido durante el cual deben responder los Contratistas de Obra Pública, es indispensable diferenciar de aquél el periodo de vigencia de la póliza, así como el término para ejercitar las acciones judiciales para lograr la respectiva reparación.

El primero de ellos, esto es, el periodo dentro del cual los Contratistas están en la obligación de responder por el objeto contractual por ellos ejecutado, está determinado por el periodo de diseño establecido para la obra, es decir, y a guisa de ejemplo, si dicho diseño se proyectó para un lapso de 3 años, éste será el término durante el cual los Contratistas deben garantizar y responder por la estabilidad y calidad del objeto contratado, según sea el caso; período que tiene su inicio desde el momento de la entrega del mismo.

En este orden de ideas, a la Administración no le es dable exigir a sus Contratistas que respondan por la estabilidad y/o calidad del objeto contratado, durante un término superior para el cual fue diseñada la obra, toda vez que, como reza un principio básico del Derecho y de la lógica, nadie está obligado a lo imposible.

Sobre este asunto, el Código Civil establece, en cuanto al contrato de obra, un término de 10 años subsiguientes a la entrega de la obra para que el Constructor responda por la estabilidad de la misma ante el Contratante[39]. Término que, por ser de carácter supletivo, las partes

---

[38] Consejo de Estado. Sección Cuarta. Sentencia de 5 de marzo de 1999. Exp. 9245. MP. Daniel Manrique Guzmán. Véase también la sentencia de la Sección Tercera del Consejo de Estado de 28 de mayo de 1998. Exp. 10624. M.P. Jesús María Carrillo Ballesteros.

[39] Código Civil, artículo 2060.

podrán modificar ampliándolo o reduciéndolo, como en efecto sucede con los contratos suscritos por la Administración, pues la duración de las obras públicas siempre está determinada por el periodo del diseño.

Así lo ha reconocido el Consejo de Estado, en reciente y reiterada jurisprudencia, al manifestar que "... si la obligación de estabilidad, de rango legal y supletiva de la voluntad de las partes (art 2060 precitado), opera entre particulares, no se entiende cómo pueda alegarse su inoperancia en el campo de las obras públicas que interesan a toda la comunidad. Se habla de norma supletiva porque los contratantes podrán convenir plazos diferentes para exigir esa estabilidad"[40].

Ahora bien, una vez establecida tanto la ocurrencia de daños en una obra pública –dentro del periodo del diseño– como la correlativa responsabilidad del Contratista o Contratistas (de conformidad con el régimen probatorio expuesto *supra*), y si dicho deterioro se produjo dentro del término de vigencia de la correspondiente garantía de estabilidad o de calidad (ofrecida a través de la póliza única de cumplimiento[41]), es procedente declarar la ocurrencia del siniestro, por medio de un acto administrativo, y hacer efectiva dicha garantía[42].

Sin embargo, si el daño ocurrió dentro del periodo de diseño, pero por fuera de la vigencia de la respectiva garantía, la Administración está en la obligación de instaurar las acciones judiciales correspondientes para obtener la declaratoria de responsabilidad del Contratista y la correspondiente reparación. La misma actuación debe llevar a cabo si la garantía no es suficiente para amparar la totalidad del perjuicio[43]. Sobre este punto, es necesario recordar que el término para ejercitar dichas acciones judiciales es de 20 años contados a partir de la ocurrencia de los daños[44].

---

40 CONSEJO DE ESTADO, Sección Tercera, Sentencia del 3 de mayo de 2001, Expediente No. 12724, Consejero Ponente: Dr. Ricardo Hoyos Duque. Véase, además, del mismo Consejo de Estado, Sentencia del 20 de agosto de 1997, Expediente No. 12086. Consejero Ponente: Dr. Carlos Betancur Jaramillo y Sentencia del 10 de julio de 1997, Expediente No. 9286, Consejero Ponente: Dr. Carlos Betancur Jaramillo.

41 Ley 80 de 1993, artículo 25, numeral 19.

42 Código Contencioso Administrativo, artículo 68, numeral 5, el cual determina que prestan mérito ejecutivo, entre otros documentos, "las demás garantías que a favor de las entidades públicas se presten por cualquier concepto, las cuales se integrarán con el acto administrativo ejecutoriado que declare la obligación".

43 Ley 80 de 1993, artículos 52 y 53.

44 Ibídem, artículo 55.

Finalmente, queda claro que uno es el término durante el cual los Contratistas están en la obligación de responder por el objeto contractual (el cual está determinado por el periodo de diseño de la obra), otro el de la vigencia de las garantías y otro muy distinto el establecido para ejercer las acciones judiciales.

Así, por ejemplo, si una obra pública diseñada para 8 años, que fue entregada en el año 2008, presenta daños de estabilidad en el año 2011, será responsable el Contratista de Obra, si no prueba su diligencia o cuidado en la ejecución del contrato, por acaecer el deterioro dentro del periodo de diseño (el que se extiende hasta el año 2016).

Ante lo cual, la Administración podrá declarar el siniestro y hacer efectiva la garantía de estabilidad (pues el daño se produjo dentro de la vigencia de la misma, si asumimos que es de 5 años, es decir, dicha vigencia iría hasta el año 2013) Empero, si la garantía no es suficiente para cubrir el perjuicio o si la Administración decide acudir directamente ante la jurisdicción, tendrá 20 años para ello, esto es, podrá instaurar las acciones judiciales entre el año 2011 (fecha en que se presentaron los daños) y el 2031.

Capítulo III

Los riesgos en el contrato de obra pública

Por su naturaleza los contratos estatales son de carácter bilateral, oneroso y conmutativo. Es decir, que, generando obligaciones para las partes contratantes, por el que cada participante considera la prestación de su contraparte, como equivalente de la propia prestación y que trae como consecuencia la función de intercambio equilibrado y conmutativo, en el cual se logra establecer cierta interdependencia entre las obligaciones de los contratantes[1].

Motivo por el cual los contratantes deben ejecutar las prestaciones establecidas en el contrato de acuerdo con lo convenido y tienen el deber jurídico de cumplirlas de buena fe, de allí se desprende que para el contratista surja de una serie de deberes y derechos que orientan la ejecución del contrato.

Igualmente, el Estatuto de la contratación estatal consagró la responsabilidad de los contratistas en los artículos 52 y 53, los cuales fueron declarados exequibles por la Corte Constitucional[2].

En este sentido, estos deberán responder civil y penalmente, por las conductas dolosas o culposas en que incurran en su actuar contractual, tales como participar en un proceso de selección a pesar de tener conocimiento de la inexistencia de autorizaciones para su ejecución, cuando suscriban el contrato no obstante conocer las circunstancias de inhabilidad o de incompatibilidad en que se hallan incursos; cuando no adopten las medidas o decisiones necesarias para iniciar el contrato en la época prevista o pactada, por obstaculizar las labores de vigilancia del contrato, así como cuando entreguen

---

1 Gómez Vásquez, Carlos. *Riesgo contractual*, Ed. Universidad de Medellín, Medellín 2009, p. 45.

2 Corte Constitucional. Sentencia C-563 del 07 de octubre de 1998. M.P. Carlos Gaviria Díaz.

o presten bienes de calidad o especificaciones diferentes, o cuando se fijen propuestas en las que se fijen condiciones económicas y de contratación artificialmente bajas con el propósito de obtener la adjudicación de contrato, entre otros casos[3].

1. EL RIESGO EN LA CONTRATACIÓN ADMINISTRATIVA

Mediante la reforma realizada al estatuto de contratación estatal y más precisamente a través de la Ley 1150 de 2007 en su artículo 4 y el Decreto reglamentario 2474 de 2008, se introduce un novedoso aspecto con relación al manejo del riesgo en el proceso de contratación, mediante el cual se busca la realización de un análisis económico de los riesgos que envuelven la contratación estatal y de esta forma identificar los riesgos, valorarlos, prevenirlos y mitigar su impacto desde una perspectiva de eficiencia económica.

Además, se establece la necesidad de una vez identificados los riesgos se han asignados en el contrato y de esta forma sean incluidas las circunstancias que durante el desarrollo del contrato puedan afectar el equilibrio financiero del contrato, es decir, la reglamentación asocia el riesgo con circunstancias que alteran el equilibrio financiero del contrato estatal y sólo será relevante el riesgo que sea previsible, identificable, y cuantificable en condiciones normales. El riesgo que reviste importancia para el contrato estatal es únicamente aquel que pueda alterar el equilibrio financiero[4].

La reforma estableció un procedimiento que deben acoger las entidades para la asignación de los riesgos previsibles, en la cual se establece que el proyecto de pliego de condiciones deberá tipificar los riesgos que puedan presentarse en el desarrollo del contrato, con el fin de cuantificar la posible afectación de la ecuación financiera del mismo, y señalará el sujeto contractual que soportará, total o parcialmente, la ocurrencia de la circunstancia prevista en caso de presentarse, o la forma en que se recobrará el equilibrio contractual, cuando se vea afectado por la ocurrencia del riesgo.

---

3 Estatuto de la contratación administrativa. Ed. Temis, Bogotá, 1993, p. 57.

4 DE VIVERO ARCINIEGAS, Felipe. *Reforma al régimen de contratación estatal,* Ed. Universidad de los Andes, Bogotá 2010, p. 228.

Los interesados en presentar ofertas deberán pronunciarse sobre lo anterior en las observaciones al pliego, o en la audiencia convocada para el efecto dentro del procedimiento de licitación pública, caso en el cual se levantará un acta que evidencie en detalle la discusión acontecida.

La tipificación, estimación y asignación de los riesgos así previstos, debe constar en el pliego definitivo. La presentación de las ofertas implica de la aceptación por parte del proponente de la distribución de riesgos previsibles efectuada por la entidad en dicho pliego[5].

La audiencia a que se refiere el presente artículo deberá realizarse con posterioridad a la expedición del acto que ordena la apertura de la licitación pública y de manera previa al inicio del plazo para la presentación de las respectivas ofertas[6].

1.1. Concepto de riesgo

El riesgo, en materia contractual, hace referencia las situaciones o eventos que pueden romper el equilibrio económico del contrato y generar pérdidas a una de las partes o a las dos. Desde el punto de vista de la teoría financiera, el riesgo se entiende como la dispersión de resultados inesperados debido a movimientos en variables financieras[7]. Para el doctrinante Diz Cruz el riesgo es "todo aquello que puede generar un evento no deseado y traer como consecuencias perdidas y/o daños". Generalmente, cuando ocurren perdidas estas conllevan una consecuencia financiera que afecta de alguna manera el ingreso, presupuesto, flujo de caja de un ente, persona o empresa que está sujeto o sumergido dentro de ambientes que pueden inducir eventos catastróficos en grados variables que de alguna manera afectan al individuo o empresa"[8].

El concepto de riesgo tiene dos elementos: el primero de ellos es la posibilidad de que se cause un daño o un perjuicio y el segundo es las consecuencias negativas que de producirse a carrearía para las partes involucradas. Los contratos de obra por su naturaleza comportan riesgos en sí mismo, como proyecto de gestión que puede

5 Decreto 2474 de 2008, Art 88.
6 Decreto 2025 de 2009, Art 8.
7 Dirección General del Crédito Público y del Tesoro Nacional (http://www.minhacienda.gov.co).
8 Diz Cruz, Evaristo. *Teoría del riesgo.* Bogotá: Ed. Ecoe ediciones, 2006. p. 9

lograr o no los objetivos allí planteados por las partes. Esto puede ser consecuencia de diversos factores bien sea internos como defectos en la definición del objeto contractual o externos que dificultan o modifican las condiciones originalmente pactadas.

1.2. Valorización del riesgo

Una vez la entidad contratante o el funcionario en cargado de esta función a establecido o identificado los riesgos que pueden afectar la ejecución de la obra corresponde, surge la labor de determinar el impacto que el acaecimiento de este suceso tendría en el desarrollo del proyecto de infraestructura, es decir, una vez establecido los riesgos que se pueden presentar debemos entrar a valorar su impacto.

La valoración su impacto y costos del mismo tienen que medirse por medio del estudio de los elementos del riesgo, en otras palabras, en estimar la probabilidad de ocurrencia del evento y, por otro lado, evaluar la consecuencia o el daño que sobrevendría si se concreta dicho evento[9].

Para realizar esta función de una manera adecuada se debe tener conocimiento las circunstancias que envuelven el riesgo y su ocurrencia, de lo contrario se caerá en el mundo de la especulación y en un juicio subjetivo sin fundamento lo cual generaría perjuicios económicos para la entidad, pagando una prima muy alta por un riesgo que no lo ameritan o por el contrario fijando un costo muy bajo a un riesgo que podría conllevar al incumplimiento del contrato de presentarse durante el desarrollo del mismo.

Para lo cual se pueden establecer criterios para clasificar los riesgos y valorarlos, determinando si la probabilidad de ocurrencia del riesgo es: Muy alta, alta, media, baja o muy baja; y, ¿cuál sería el impacto del riesgo de ocurrir? Muy alta, alta, media, baja o muy baja. También se puede reemplazar estos criterios por porcentajes de probabilidad, en una escala donde el mayor porcentaje sea 100% y el mínimo porcentaje sea 0%.

1.3 Administración del riesgo, identificación y asignación

Le corresponde a la entidad contratante mediante un estudio previo a toda contratación o iniciación de un proyecto realizar de manera

---

9 De Vivero Arciniegas, Op. Cit., p. 235

completa la clasificación de los riesgos que se pueden presentar durante las etapas del proceso contractual. Una vez tipificado los riesgos debe asignarles una valoración de acuerdo a la probabilidad de ocurrencia y de los efectos de la misma. Así lo estableció la reforma al estatuto de contratación estatal en el artículo 4 de la ley 1150 de 2007 al consagrar que "Los pliegos de condiciones o sus equivalentes deberán incluir la estimación, tipificación y asignación de los riesgos previsibles involucrados en la contratación". De esta manera es competencia de la entidad contratante la labor de administrar el riesgo en la contratación estatal.

La identificación de los riesgos se realiza mediante el proceso de tipificar los riesgos, es decir, mediante el establecimiento de una lista de riesgos que pueden presentarse y que su ocurrencia afectaría el presupuesto del proyecto.

Mediante el Conpes[10] 3107 de 2001 se estableció una lista de riesgos, que son:

- Comerciales
- De construcción
- Geológicos
- De operación
- Financieros cambiarios
- Regulatorios
- De fuerza mayor
- Por adquisición de predios
- Ambientales
- Soberanos o políticos.

Este documento del Conpes se encarga de realizar una descripción extendida de los riesgos que podemos encontrar en la contratación estatal, sin embargo, se trata de una descripción de riesgo generalizada

[10] Consejo Nacional de Política Económica y Social, creado por la Ley 19 de 1958, organismo asesor del gobierno en cuanto a las políticas y normas que deben expedirse para el desarrollo económico y social del Estado.

o de alto nivel puede crear dificultades en desarrollar respuestas y apropiamiento, mientras que el descubrir riesgos con todos los detalles puede generar un trabajo extenuante e interminable y podríamos incluir en un pliego hasta unos mil riesgos intrascendentes para el proyecto.

La mención realizada a través del Conpes describe categorías en las cuales se insertan a los riesgos, pero al ser estas descritas de manera tan amplia estable un margen de incertidumbre sobre el alcance mismo de las categorías y de permitir que varias contingencias puedan incluirse en varias categorías.

Dentro de las facultades con que cuenta la administración es la determinar en un momento dado si asume un determinado riesgo o lo traslada a su contraparte, quien a su vez en la correspondiente negociación del contrato o en la audiencia que para el efecto se fije lo acepta, lo negocia o desiste de su interés en el proceso contractual.

En la actualidad los contratistas tienen la posibilidad de negociar los riesgos en el proceso precontractual sin embargo tal decisión en ultimas es tomada por la administración y es respaldada por la ley al establecer que la sola presentación de la oferta por parte del contratista implica la aceptación de la distribución de los riesgos previsibles.

POSNER y ROSENFIELD[11] desarrollaron los siguientes principios para la asignación eficiente de los riesgos entre las partes:

- Debe asumir el riesgo la parte que está en mejor posición para prevenir la materialización del riesgo.
- Debe asumir el riesgo la parte que está en mejores condiciones para minimizar la perdida antes de que ocurra.
- Debe asumir el riesgo la parte que está en mejores condiciones para mitigar la perdida una vez esta haya ocurrido, aun si no puede prevenir la ocurrencia del siniestro.
- Debe asumir el riesgo la parte que está en mejores condiciones para tomar un seguro o para autoasegurarse contra el riesgo residual o remanente.

---

11 POSNER R. Y ROSENFIELD, A. *Impossibility and related doctrines in contract law:* An economic analysis, en V. Goldberg Ed. *Reading in economics of contract law*, 1997, pp. 211. Citado por URIBE Evamaría, La valoración del riesgo en la contratación administrativa, Universidad de los Andes, 2010, p. 243.

De conformidad con lo anterior, la especialidad con que cuenta el contratista de obra pública hace que los riesgos relacionados con la construcción le sean asignados, en la medida que tiene mejor disposición para evaluar las dificultades técnicas y para controlar y administrar las dificultades técnicas y para colaborar y administrar las dificultades de este tipo afectan la ejecución del contrato[12].

1.4. Transferencia de riesgos entre las partes

La administración pública tiene la capacidad de determinar si asume o no un riesgo o si por el contrario lo transfiere al contratista, esta facultad encuentra su fundamento en la libertad negocial de las partes, la cual faculta a que las partes de un contrato a autorregular sus relaciones privadas mediante el acogimiento de unas normas determinadas, las cuales se les concede un vigor semejante al de la ley. Además, el estatuto de contratación consagra en su artículo 40 lo siguiente:

> Del Contenido del Contrato Estatal. Las estipulaciones de los contratos serán las que, de acuerdo con las normas civiles, comerciales y las previstas en esta Ley, correspondan a su esencia y naturaleza.
>
> Las entidades podrán celebrar los contratos y acuerdos que permitan la autonomía de la voluntad y requieran el cumplimiento de los fines estatales.
>
> En los contratos que celebren las entidades estatales podrán incluirse las modalidades, condiciones y, en general, las cláusulas o estipulaciones que las partes consideren necesarias y convenientes, siempre que no sean contrarias a la Constitución, la ley, el orden público y a los principios y finalidades de esta Ley y a los de la buena administración...

Lo anterior, permite sin duda alguna establecer que las partes en este caso la entidad contratante y el contratista dictaminen que normas desean incorporar en el contrato que van a celebrar, dentro de estas normas encontramos las relacionadas con la asignación de algunos riesgos en cabeza del contratista, el cual estará dispuesto a arrogarse estos a cambio de un aumente el valor de su propuesta, y de esta manera se mantenga el equilibrio financiero entre las partes.

---

12 Benavides, José Luis. *Riesgos contractuales* en Contratación Estatal. Bogotá: Ed. Universidad Externado de Colombia, 2009, p. 472.

Sin embargo, la administración debe tener presente al momento de determinar la asignación de los riesgos los principios fijados anteriormente, y que, si su deseo es transferir plenamente a la contraparte la cobertura del riesgo, podrá asumirlos si quiere contratar con el estado, pero los transfiere a la administración mediante precios, costos del contrato, es decir, el contratista incluirá como costo del contrato una prima de riesgo y la transferirá al contrato[13].

Ahora bien, precisamente la administración cuenta con el mecanismo de las garantías para cubrir estos riesgos, que son exigidas en materia de contratación estatal y se encuentran reguladas por la Ley 1150 de 2007 y el Decreto 734 de 2012. La garantía se constituye para proteger los intereses económicos de la Administración en caso de incumplimiento del contratista. En el derecho comparado, la garantía ha sido definida como: "un derecho de satisfacción sobre una propiedad respecto de la cual la garantía es dependiente"[14].

2. LOS RIESGOS EN EL CONTRATO DE OBRA PÚBLICA

En todo contrato existen riesgos que dificultan la finalización en las condiciones inicialmente pactadas, situaciones que pueden conllevar a un detrimento económico para la parte que asume este riesgo. Siendo el contrato de obra pública, el que presenta mayores circunstancias no planeadas que llevan habitualmente al traste del objeto contrato y trae como consecuencia la iniciación de un proceso litigioso, sea determinado por parte del legislador disminuir este hecho mediante la implementación de la tipificación, cuantificación y asignación de riesgos de cada contrato.

De allí la importancia del establecimiento de los riesgos al momento de celebrar un contrato de obra, determinando el tipo de riesgo que se pueden presentar a lo largo de la vida del contrato, bien sean factores internos y/o factores externos que pueden influir en la realización del mismo, el establecimiento en cabeza de una de las partes la obligación de asumir las consecuencias del acaecimiento del riesgo y la compensación por parte de la entidad cuando estos se trasfieren al contratista.

---

13 URIBE, Evamaría. *La valoración del riesgo en la contratación administrativa*, Universidad de los Andes, 2010, p. 247.

14 PICO MÉNDEZ, Javier. *Trasplantes legales: un análisis de la ley sobre garantías en el contexto chino*, en *Derecho internacional de los negocios*, Tomo II, Ed. U. Externado de Colombia, Bogotá, 2005, p. 123.

De esta manera se describirán los riesgos que se pueden presentar en el contrato de obra y la parte obligada asumir el riesgo, los cuales he divido en tres grandes grupos que son: los riesgos de la planeación y ejecución de la obra, los riesgos por circunstancias económicas y legales, y finalmente los riesgos por fuerza mayor.

2.1. Riesgos derivados de la planeación y ejecución de la obra

Dentro de estos riesgos se encuentran los siguientes:

-Riesgos originados por la entrega tardía de estudios, diseños y planos.

Estos riesgos se producen cuando los planos y diseños servirán de base para la construcción no son entregados a tiempo, lo cual retrasa la ejecución del contrato y también su parte económica. Estos riesgos deben ser asumidos por quien se comprometió a entregar tales diseños y planos, bien sea la administración o el contratista.

-Riesgos por la estimación inadecuada de los costos.

Se refieren a la estimación de los costos de ejecución del contrato por debajo de los precios reales, lo que produce un aumento en los valores del mismo. Estos riesgos son asumidos por las dos partes, ya que ambas participan en la definición de los precios en el pliego de peticiones, donde se pactan. Ahora bien, si el contratista acepta unos precios sabiendo que son inferiores a los que señala el mercado, es responsable por los riesgos surgidos a raíz de ello.

-Riesgos causados por obras adicionales que se deben hacer para asegurar la funcionalidad, calidad o estabilidad.

Se relaciona con la necesidad de hacer nuevas obras o adicionar algunas a la prevista, ya que de no realizarse la obra inicialmente contemplada no sería funcional o útil. Estos riesgos son asumidos por la entidad estatal, como beneficiaria y dueña de la obra, pero sólo si en el contrato se han pactado las obras adicionales en caso de requerirse. De lo contrario, si no media autorización previa, correrán por cuenta del contratista.

-Riesgos derivados por la insuficiencia de mano de obra calificada.

Estos riesgos implican la imposibilidad de conseguir personal idóneo o calificado técnicamente para trabajar en la realización de la obra, por su carencia en el mercado laboral. Estas contingencias deben ser asumidas por el contratista, pues se comprometió a ejecutar la obra conforme a las condiciones pactadas en el pliego respectivo.

-Riesgos derivados de la insuficiencia de profesionales especializados en las áreas que requiere la ejecución de la obra.

Asimismo, en este caso, hay ausencia de profesionales especializados en las materias que necesita la obra, o su número no es suficiente para satisfacer los requerimientos de personal. El contratista asume estos riesgos.

-Riesgos derivados del pago de salarios, prestaciones sociales y honorarios.

Hace referencia al no pago por parte del contratista de las obligaciones que ha adquirido con sus trabajadores. Es él quien responde por estas deudas, trasladando a la aseguradora el pago de dichas obligaciones, hasta el monto asegurado; si lo desborda, correrá el resto de la deuda por su cuenta. El contratista puede exigir al subcontratista la constitución de una garantía de cumplimiento para amparar estos riesgos.

-Riesgos surgidos por el incumplimiento de subcontratistas.

Hacen referencia al no cumplimiento por parte del subcontratista de las obligaciones que ha adquirido con el contratista, o si cumplen lo hacen de forma tardía. Estos riesgos son asumidos por el contratista, toda vez que es él quien lo ha contratado o mantiene una relación de este tipo con él.

-Riesgos derivados por accidentes de trabajo y enfermedades profesionales.

Estos riesgos hacen referencia al acaecimiento de accidentes laborales y enfermedades profesionales, es decir, que se presenten con ocasión del trabajo que se está realizando. Las normas laborales y de seguridad social establecen la normatividad en este campo, así como los derechos de los trabajadores y obligaciones de los empleadores.

-Riesgos emanados de la mayor duración de la obra.

Estos riesgos consisten en la prolongación en el tiempo de la ejecución del contrato, por lo cual es necesario que el personal y los equipos con que se cuenta deban seguir siendo empleados en la ejecución del mismo, lo que produce mayores costos al contratista. Estos riesgos deben ser asumidos por la parte responsable de que la ejecución del contrato se prolongue. Si es por fuerza mayor, debe resolverse de acuerdo con esta teoría.

-Riesgos derivados por daños a terceros.

Se refieren a que, con motivo de la ejecución del contrato, se causan lesiones físicas a terceros o daños a sus bienes, incluso a los del Estado. Estos riesgos los asume el contratista, trasladándolos a la aseguradora, siendo responsabilidad civil extracontractual, ya que los terceros no hacen parte en el contrato.

-Riesgos derivados de defectos en la calidad de la obra o de su inestabilidad.

Se relaciona con los daños o deterioros que sufre la obra, debidas a su construcción por parte del contratista. Estos riesgos los asume el contratista, como constructor de la obra, quien lo traslada a la aseguradora, ya que ha debido suscribir una póliza de calidad y estabilidad de la obra.

-Los derivados por la entrega tardía de los predios.

Estos riesgos se traducen en el hecho de que una vez adjudicado el contrato, no se puede ejecutar debido a que los predios no han sido entregados o no hay disponibilidad de los mismos, lo que implica una demora en la ejecución del contrato, y más aún la imposibilidad de ejecutarlo. También acarrea un aumento de los costos del mismo.

La entidad estatal es quien debe asumir este riesgo, pues por regla general es quien debe adquirir los predios donde se hará la obra; sin embargo, si el encargado de su adquisición es el contratista, él es quien deberá asumirlo.

-Riesgos derivados por conflictos surgidos sobre la propiedad, posesión y tenencia de predios.

En este evento, los riesgos se presentan por los litigios existentes sobre los predios, de los cuales se discute su propiedad, posesión o tenencia. Puede haber incluso medidas cautelares sobre ellos. Esto afecta la continuidad del contrato e incluso su ejecución. Si la entidad estatal es la encargada de la adquisición del predio, es ella quien debe asumir estos riesgos; si es el contratista, sobre él recaerá dicha asignación.

-Riesgos surgidos por la disponibilidad de materiales

Se presentan cuando no le es posible al contratista conseguir los materiales de que precisa para la construcción de la obra. El contratista debe asumir estos riesgos, por cuanto en el contrato se ha obligado a proveerse de los materiales necesarios para ejecutar la obra.

-Riesgos derivados de planos o diseños defectuosos

Estos riesgos hacen referencia a la realización de los planos o diseños sin tener en cuenta las normas técnicas existentes para ello, o no estando acorde con las realidades materiales. El interventor puede advertirlo, y en ese momento se da cuenta de la configuración del riesgo, o cuando se evidencia un colapso de la obra o su estructura. Si no se presenta este colapso, puede darse un retraso en la ejecución del contrato o una obstaculización del mismo, y en el segundo será necesario demoler la obra y replantear su construcción con base en otros planos o diseños.

-Riesgos derivados por la insuficiencia de proveedores

Se presentan cuando no hay proveedores que suministren los materiales necesarios para la construcción de la obra, caso en el cual responde el contratista por estos riesgos.

-Riesgos derivados de situaciones materiales imprevistas

Estos riesgos surgen cuando se presentan situaciones o sujeciones materiales imprevistas, que afectan la ejecución del contrato o implican un incremento de sus costos para el contratista. Acontecen cuando, verbi gracia, la composición del uso resulta ser de otro material. Es el Estado quien debe responder por estos riesgos, en el evento en que sean imprevistos, porque si se trata de situaciones que puedan preverse, responde el contratista, como también si él se ha obligado a hacer el estudio del suelo previamente.

-Riesgos derivados de materiales defectuosos, usados o sin los requerimientos técnicos necesarios

Estos riesgos se configuran cuando se emplea materiales defectuosos, usados o que no llenan los requerimientos técnicos que se necesitan para ejecutar la obra. El contratista debe asumirlos pues se ha obligado en el contrato a conseguir los materiales para construir la obra.

-Riesgos surgidos con ocasión de la mora en la entrega de materiales.

Hacen atingencia a la demora en la entrega de los materiales habiendo sido previamente adquiridos, lo que retrasa la ejecución del contrato. Es el contratista quien responde por estos riesgos.

-Riesgos ocasionados por las especificaciones erradas de materiales.

Sucede cuando los materiales empleados en la obra no son los que técnicamente se requerían. En este caso, se afectan igualmente los planos o diseños de la obra. La entidad estatal y el contratista deben asumir conjuntamente estos riesgos, ya que la primera fijó las condiciones o características de los materiales en el contrato, y el contratista se obligó a trabajar con ellos, debiendo advertir si sus especificaciones correspondían o no a lo exigido en el contrato.

2.2. Riesgos por circunstancias económicas y legales

Los riegos derivados de circunstancias económicas y legales, como su nombre lo indica, se deben a situaciones en las cuales el incumplimiento se presenta por razones financieras o se genera el riesgo por las disposiciones contenidas en la Ley. Dichos riesgos pueden clasificarse así:

- Por financiamiento del contrato.

Se presenta cuando el contratista no cuenta con el dinero o recursos necesarios para continuar ejecutando el objeto contractual, a pesar de que la entidad estatal haya pagado oportunamente los anticipos y demás pagos que debía efectuar.

Este riesgo debe ser asumido por el contratista, pues él al ganar la licitación y firmar el contrato ha demostrado o ha tenido que demostrar que tiene la capacidad económica para ejecutar el objeto contractual.

-Cambios en la regulación impositiva.

Este riesgo hace referencia a la variación de las circunstancias económicas iniciales por causa de la creación o imposición de nuevos tributos, lo cual se traduce en un aumento de los costos de ejecución del contrato para el contratista.

No obstante, este aumento debe ser imprevisto y grave, es decir, que afecte en gran medida el interés económico del contratista, rompiendo el equilibrio de la ecuación contractual. Sólo bajo estas circunstancias, que deben ser probadas, puede reclamarse el pago de este riesgo. Así lo ha señalado el Consejo de Estado:

> "no basta con probar que el Estado –entidad contratante u otra autoridad– profirió una medida de carácter general mediante la cual impuso un nuevo tributo, y que el mismo cobijó al contratista, que tuvo que pagarlo o se vio sometido a su descuento por parte de la entidad contratante, sino que además, para que resulte admisible el restablecimiento de tal equilibrio económico del contrato, debe probar que esos descuentos, representaron un representaron un quebrantamiento grave de la ecuación contractual establecida ab-initio, que se sale de toda previsión y que le representó una mayor onerosidad de la calculada y el tener que asumir cargas excesivas, exageradas, que no está obligado a soportar, porque se trata de una alteración extraordinaria del álea del contrato; y esto es así, por cuanto no cualquier transtorno o variación de las expectativas que tenía el contratista respecto de los resultados económicos del contrato, constituyen rompimiento del equilibrio económico del mismo, existiendo siempre unos inherentes a la misma actividad contractual, que deben ser asumidos por él"[15].

De manera que la entidad estatal sólo asumirá los perjuicios que se deriven para el contratista de impuestos o gravámenes imprevistos que supongan grave lesión para los intereses económicos del contratista y rompan el equilibrio contractual, pero no responderá por los tributos que afecten a todos los contribuyentes.

Ahora bien, si se trata de impuestos que emanen de políticas nacionales en materia económica o extranjeras, y sean imprevisibles, suponiendo pérdida ostensible para el contratista, esto se enmarca dentro de la teoría

---

[15] CONSEJO DE ESTADO, Sala Contencioso Administrativa, sentencia del 18 de septiembre de 2003.

de la imprevisión y quien responde por estos riesgos es la entidad estatal: *" Las modificaciones imprevisibles derivadas de medidas políticas o económicas nacionales o extranjeras deben ser tratadas como teoría de la imprevisión y, en aplicación de la Ley 80, las entidades estatales deben llevar al contratista a un punto de no pérdida"*[16].

-Cambio en los precios o valores de los materiales a emplearse en la ejecución del objeto contractual

En este caso, los precios de los materiales deben variar de tal forma que supongan un incremento considerable de los costos del contrato para el contratista, evento en el cual la asignación del riego será para la entidad estatal. Si es un aumento normal, respondería el contratista por éste.

-Mora en el pago del dinero adeudado al contratista

En este evento, responde el Estado por el no pago oportuno del dinero adeudado al contratista por la ejecución del objeto contractual, debiendo cancelar igualmente los intereses que se generen por la moratoria en el pago.

-Riesgos derivados del no pago o constitución de garantías y seguros

La constitución de garantías y seguros es obligación del contratista, tal como se establece en el pliego de condiciones; por tanto, si no los suscribe, los riesgos que se generen por su no constitución corren por cuenta del contratista.

-Riesgos derivados de las interpretaciones unilaterales del contrato y de las modificaciones de las condiciones del mismo efectuadas por la administración en uso de sus facultades

Por estos riesgos, que se originan por el uso de las facultades extraordinarias que tienen las entidades públicas de modificar e interpretar unilateralmente las condiciones del contrato, lo que puede producir una variación de dichas condiciones que suponga una pérdida para el contratista, o la disminución de sus ganancias.

---

16 Becerra Salazar, Álvaro Darío. *Los riesgos en la contratación estatal*, Bogotá: Ed. Leyer, 2008, p. 80.

Estos riesgos deben ser asumidos por la entidad estatal, por cuanto el contratista no tiene por qué soportar que la administración cambie arbitrariamente las condiciones del contrato llevándolo a una situación de pérdida. La teoría del hecho del príncipe se aplica para este tipo de riesgos.

-Riesgos derivados por la licencia ambiental y de las obligaciones que ésta supone

El primero se presenta cuando no se obtiene la licencia ambiental, lo cual puede suponer tener que cambiar los diseños realizados, destruir parcialmente la obra o tener que dejar de ejecutarla. El segundo hace referencia a las sanciones a qué se expone el contratista por no cumplir con lo que ordena la licencia ambiental. La entidad estatal, como dueña de la obra o quien la contrata, responde por la no obtención de la licencia, mientras que los derivados por el no cumplimiento de las obligaciones que de ella dimanan, corren por cuenta del contratista.

-Riesgos derivados por los planes de ordenamiento territorial.

Éstos hacen referencia al no cumplimiento de los requisitos que sobre el uso del espacio público exigen los planes de ordenamiento territorial de los municipios, departamentos o distritos donde se realicen las obras. En este caso, responde la administración por la no obtención de los permisos exigidos.

-Riesgos derivados de requisitos legales contractuales de ejecución

Estos riesgos hacen referencia a la no tramitación y obtención de los documentos que se requieren para ejecutar el objeto contractual, así como el no nombrar o no hacerlo oportunamente al interventor del contrato.

Estos riesgos serán asignados a la parte que debía presentar los respectivos documentos, sea el contratista o la entidad estatal.

-Riesgos que se presentan por la insuficiencia de presupuesto o recursos económicos para el pago de las obligaciones pactadas en el contrato.

Este evento se produce cuando no hay presupuesto o fondos económicos para el pago de los compromisos adquiridos por la administración con ocasión de la celebración del contrato. En este caso, es el Estado quien debe responder por estos riesgos.

-Riesgos derivados por contratos con precio global

Las leyes civiles establecen las normas que han de aplicarse en este caso, es decir, cuando el contratista fija un precio único para la ejecución de todo el contrato, precio que, según lo establece el artículo 200 del Código Civil, no puede ser modificado por el contratista, a menos que se trata de hechos imprevistos y que el dueño de la obra lo autorice; si no lo hace, será el juez quien resolverá el asunto.

Asimismo, este artículo dispone que, si la obra realizada amenaza ruina dentro de los diez años siguientes a su entrega, es el contratista quien debe responder por estos riesgos, así como por los riesgos que se generen por la inestabilidad del uso, el cual debió haber sido examinado por el constructor antes de hacer la obra. Si los riesgos se generan por la calidad de los materiales, si éstos han sido suministrados por el dueño de la obra, será éste quien responda por estos riesgos.

Aunque el dueño de la obra la reciba a conformidad, ello sólo implica que la obra se ha hecho de acuerdo con las normas fijadas inicialmente, pero no implica que el contratista no deba responder por los riesgos anteriormente señalados que se deban a su acción u omisión.

De la misma forma, este artículo del Código civil dispone que el dueño de la obra responderá por los pagos de los empleados que él haya contratado directamente, mientras que, si han sido contratados por el empresario o constructor, será él quien responda por los pagos en primera medida, y de manera subsidiaria el dueño de la obra

2.3. Riesgos por fuerza mayor

Los riesgos por fuerza mayor son aquellos que se dan de forma imprevisible e irresistible para las partes, que ocasiona el incumplimiento de las obligaciones del contrato.

El Consejo de Estado se ha pronunciado a este respecto manifestando que: *"La imprevisibilidad que determina la figura, se presenta cuando no es posible contemplar el hecho con anterioridad a su ocurrencia. Para establecer que es lo previsible resulta necesario considerar las circunstancias particulares del caso concreto; supone verificar las previsiones normales que habrían de exigirse a quien alega el fenómeno liberatorio. La ejecución del contrato estatal puede tornarse imposible por la ocurrencia de un hecho constitutivo de fuerza mayor, en cuyo evento la parte incumplida estará eximida de responsabilidad, porque el daño no le resultaría jurídicamente imputable".*

Los riesgos por fuerza mayor pueden presentarse por fenómenos naturales o por actos humanos. Dentro de los primeros, se encuentran los terremotos, avalanchas y aludes, inundaciones, sequías, tempestades y por la temporada invernal.

No obstante, no siempre estos riesgos conllevan la exención de responsabilidad para el contratista, pues en el caso de las temporadas invernales, en ciertas zonas es previsible la ocurrencia de dichos riegos para la ejecución del contrato, de modo que puede el contratista asumirlos en el contrato, como lo ha expresado la Corte Suprema de Justicia, afirmando que en este caso no hay eximente de responsabilidad para el contratista, puesto que:

> "No bastaba entonces alegar y reclamar con fundamento en fuertes inviernos o derrumbes, pues se considera que el contratista estaba preparado para asumir tales situaciones, cuando formuló su propuesta bajo el fundamento de que conocía las características de la zona. Con mayor razón si se tiene en cuenta que el invierno es un fenómeno natural y previsible en el territorio colombiano, no es por sí solo un hecho que escape al conocimiento previo del contratista; de manera que, cuando se invoca como evento constitutivo de fuerza mayor, deben probarse los elementos que lo determinan"[17].

Así las cosas, los fenómenos naturales constituyen fuerza mayor cuando por ellos se originan riesgos imprevisibles e irresistibles, caso en el cual la responsabilidad debe ser asumida por la Nación, en principio; no obstante, cuando por las características de la zona geográfica o terreno se tenga por conocida la ocurrencia de tales riesgos derivados de la temporada invernal, tempestades, sequías, etc., en este caso ya no sería un fenómeno imprevisible e intempestivo, de manera que la asunción de los riesgos sería a cargo del contratista:

> "(...) la ocurrencia de desastres naturales, debe normalmente ser asumida por el Estado, a no ser que el fenómeno natural sea de usual

[17] CSJ; casación 18 de marzo de 1925.

> presencia en la zona donde se desarrolla la obra, esa normalidad del fenómeno conlleva un contratista preparado para adoptar medidas para conjurar los efectos del riesgo y presume un estudio de costos en el que se incluye su valor"[18].

Otro de los riesgos que pueden presentarse en el contrato de obra pública, hacen referencia a los actos humanos, dentro de los cuales se encuentran la huelga, el paro, la asonada, la guerra y el ataque terrorista. Estos riesgos deben ser asumidos, en principio, por la Nación, pues es en quien recae el deber de controlarlos, y además es quien tiene la posibilidad de hacerles frente o tratar de evitarlos, ya que cuenta con los recursos materiales y logísticos para ello.

No obstante, la Corte Suprema de Justicia ha señalado que, si estos actos o hechos son previsibles, no constituirían fuerza mayor y por tanto no habría eximente de responsabilidad para el contratista:

> "Por ende, en tanto que sea posible prever la realización de un evento susceptible de oponerse a la ejecución del contrato, y que éste evento pueda evitarse con mediana diligencia y cuidado, no hay caso fortuito ni fuerza mayor. Sin duda el deudor puede verse en la imposibilidad de ejecutar la prestación que le corresponde, pero su deber de previsión le permitiría evitar encontrarse en semejante situación.
>
> El incendio, la inundación, el hurto, el robo, la muerte de los animales, el daño de las cosas, etc., son hechos en general previsibles y que por su sola ocurrencia no acreditan el caso fortuito o la fuerza mayor, porque dejan incierto si dependen o no de culpa del deudor. Por consiguiente, es racional que el deudor que alegue uno de estos o parecidos acontecimientos, pretendiendo librarse del cumplimiento de su obligación, debe no sólo probar el hecho, sino demostrar también las circunstancias que excluyen la culpa. Y la presunción de culpa que acompaña a quien no ha ejecutado el contrato, no se destruye por la simple demostración de la causa del incumplimiento cuando el hecho así señalado es de los que el deudor está obligado a prever o impedir. Por ejemplo, el robo o el hurto son hechos que se pueden prever y evitar con solo tomar las precauciones que indiquen la naturaleza de las cosas"[19].

Con respecto a las huelgas y los paros, el contratista es responsable cuando sean sus empleados quienes los ejecuten, y si se trata de hurto,

---

18 Becerra Salazar, Álvaro Darío, Op. Cit., p. 74-75.

19 Ibídem, p. 76.

debe tomar todas las medidas necesarias para asegurar la custodia de los materiales y equipos, siendo su responsabilidad si acontece el referido delito; sin embargo, si éste es perpetrado por grupos rebeldes organizados o al margen de la ley, el contratista se ve ante hechos que se salen de sus manos y aunque tome todas las medidas pertinentes no está en la posibilidad de resistirlos y es obligación del Estado hacerles frente y evitar que generen riesgos y perjuicios a la sociedad

3. EL INCUMPLIMIENTO DEL CONTRATO

El incumplimiento del contrato, en materia de contratación estatal, se entiende desde la perspectiva de la cosa debida, esto es, "el incumplimiento contractual consiste en que el acreedor de la obligación originada en un contrato no recibe la prestación en los estrictos términos pactados, por lo cual no se produce la satisfacción de su interés negocial, independientemente de las razones por las cuales no se llegó a esa satisfacción"[20].

Como vemos, se produce un incumplimiento de lo pactado, de manera que una de las partes no recibe la contraprestación que se había estipulado en el contrato. Puede ser el contratista o la administración quien sufra las consecuencias de este incumplimiento.

El incumplimiento es algo que se entiende incorporado tácitamente al contrato, es decir, que hay una especie de cláusula en abstracto que hace parte de dicho contrato, y que en consecuencia en caso de presentarse éste acarrea una serie de consecuencias y de obligaciones para el deudor.

En este sentido, puede afirmarse que: "al momento de la celebración del contrato se encuentra dibujada, de modo abstracto, la extensión del daño indemnizable (*quantum* de la indemnización), en términos que, si el incumplimiento se produce y causa daños, este dato concreto deberá confrontarse con el dato abstracto e inicial de la objetiva previsibilidad. La indemnización sólo comprenderá el daño efectivamente producido y previsible en el momento del contrato. Desde esta perspectiva la previsibilidad depura la cadena causal limitando la extensión de la indemnización"[21].

---

[20] RODRÍGUEZ R, Libardo. *El equilibrio económico de los contratos administrativos.* Bogotá: Ed. Temis, p. 142.

[21] WILSON, Carlos Pizarro; VIDAL OLIVARES, Álvaro. *Incumplimiento contractual, resolución e indemnización de daños*, Ed. Universidad del Rosario, Bogotá, 2010, p. 197.

Ahora bien, el incumplimiento puede originarse por varias situaciones, como la omisión del deudor, la prestación defectuosa o la demora en cumplir con la obligación pactada.

Con respecto a la omisión, consiste en la no ejecución del objeto contractual, en la no satisfacción de la obligación pactada: "la omisión de la prestación hace referencia al caso en el cual no se consigue el objetivo de la obligación porque el acreedor no recibe prestación alguna, o mejor, absolutamente nada en relación con la obligación pactada. Se trata de la inejecución absoluta de la obligación"[22].

Con respecto a la prestación defectuosa, hace referencia a la entrega parcial de lo debido, en este caso de la obra –si lo analizamos desde el punto de vista que el contratista es el deudor que incumple–, o también de la entrega de la misma con desperfectos o no conforme a lo estipulado en el contrato: " el cumplimiento imperfecto o prestación defectuosa ocurre cuando el acreedor recibe oportunamente prestaciones por parte del deudor, pero dichas prestaciones no satisfacen completamente el interés negocial del acreedor, en tanto no se ajustan exactamente a lo pactado. Por ejemplo, cuando el bien suministrado o la obra construida tienen defectos de calidad o no cumplen con los requerimientos señalados en el contrato"[23].

Otra de las modalidades del incumplimiento hace referencia al cumplimiento tardío de la prestación, por fuera del tiempo estipulado en el contrato estatal: "el retardo en el cumplimiento de las obligaciones consiste en que la prestación debida no fue ejecutada en el momento pactado.

Así, en principio, el contratante deudor debe cumplir con las obligaciones a su cargo dentro del plazo fijado en el mismo contrato o dentro del que surja de acuerdo con las condiciones fácticas y jurídicas de ejecución, de tal manera que si no realiza la prestación a la que se comprometió dentro de ese plazo, incurre en retardo, el cual implica, desde un punto de vista objetivo, un incumplimiento de las obligaciones a su cargo"[24].

El inicio tardío de la ejecución del contrato, o, dicho de otra forma, la ejecución tardía del mismo, es un riesgo que puede presentarse

---

22 Ibídem, p. 144.

23 Ibídem.

24 Ibídem.

y representar un daño o perjuicio a la administración y al mismo contratista, pudiéndose deber a cualquiera de las partes contratantes, o a las dos inclusive.

Así, como ha señalado la jurisprudencia:

> "La iniciación tardía de la ejecución de la obra es una circunstancia que puede generarle perjuicios al contratista y que, aunque no se encuentre estipulado un plazo especifico en el contrato para que el INTERVENTOR la establezca, es evidente que la ausencia de justificación para hacerlo puede considerarse como un incumplimiento de la contratante. Sin embargo, para reconocer perjuicios por esta causa, era necesario establecer a partir de cuándo se tornó en injustificado el término para iniciar el contrato y acreditar el perjuicio que se causó con esta circunstancia. [...] En estas condiciones, a quien le correspondía demostrar la ocurrencia del daño y la cuantificación del perjuicio era al contratista y esto se echa de menos en el plenario, comoquiera que el apelante no ejerció su carga probatoria como correspondía. Así las cosas, aunque transcurrió un tiempo considerable entre la adjudicación del contrato y el inicio de las obras, resultaba indispensable probar los sobrecostos en los que por dicha causa habría incurrido el contratista y las razones por las que dicho lapso podía atribuirse a título de mora a la entidad contratante"[25].

De esta forma, en el evento en que dicha responsabilidad recaiga en el contratista, este debe responder civilmente por los perjuicios causados por la ejecución tardía del contrato.

En el caso contrario, cuando es atribuible a la administración el inicio tardío de la obra, el contratista debe probar que esta fue la causante de la demora producida, así como estar en la capacidad de demostrar el daño causado y cuantificarlo, por cuanto la carga de la prueba le corresponde a quien alega los hechos, en los términos del artículo 167 del Código General del Proceso[26].

---

25 CONSEJO DE ESTADO. Sala de lo Contencioso Administrativo, Sección Tercera, Subsección B, sentencia de 7 de octubre de 2019, Radicación número: 05001-23-31-000-1996-02614-02(38520), M.P. Martín Bermúdez Muñoz.

26 Incumbe a las partes probar el supuesto de hecho de las normas que consagran el efecto jurídico que ellas persiguen.
No obstante, según las particularidades del caso, el juez podrá, de oficio o a petición de parte, distribuir, la carga al decretar las pruebas, durante su práctica o en cualquier momento del proceso antes de fallar, exigiendo probar determinado

De esta manera, el incumplimiento hace referencia a la no satisfacción plena de la prestación pactada, porque los cumplimientos parciales y los retardos en la entrega de la obra también la configuran, como los defectos presentados en ésta al finalizar su ejecución.

Esto, desde luego, implica un perjuicio para la parte que espera el cumplimiento cabal de la prestación, porque desborda lo pactado en el contrato. De manera que el incumplimiento lleva aparejado un perjuicio para la parte acreedora de la prestación u obligación, y amenaza la ejecución del objeto contractual.

Este incumplimiento del deudor, puede ser el contratista o la administración, como hemos mencionado, pero vamos a referirnos específicamente al primero, puede deberse a un hecho imputable sólo al deudor, es decir, que, por su omisión, su negligencia o su mera responsabilidad no satisface la obligación o prestación debida.

Pero también puede deberse a un hecho de fuerza mayor, que será objeto de otro análisis posterior: "debe señalarse que tanto la omisión de la prestación como las diversas modalidades de la prestación defectuosa, pueden ocurrir como consecuencia de conductas imputables al deudor o por situaciones extrañas a las partes del contrato"[27].

El incumplimiento, entonces, hace necesario que se estudie el concepto de la responsabilidad contractual, toda vez que trae unidos perjuicios para una de las partes, como se ha expresado.

Así las cosas, es preciso afirmar que "la responsabilidad contractual puede ser definida como una obligación resarcitoria de los perjuicios sufridos por un contratante, la cual se encuentra en cabeza de las personas ligadas por una relación jurídica de carácter obligacional"[28].

---

hecho a la parte que se encuentre en una situación más favorable para aportar las evidencias o esclarecer los hechos controvertidos. La parte se considerará en mejor posición para probar en virtud de su cercanía con el material probatorio, por tener en su poder el objeto de prueba, por circunstancias técnicas especiales, por haber intervenido directamente en los hechos que dieron lugar al litigio, o por estado de indefensión o de incapacidad en la cual se encuentre la contraparte, entre otras circunstancias similares.
Cuando el juez adopte esta decisión, que será susceptible de recurso, otorgará a la parte correspondiente el término necesario para aportar o solicitar la respectiva prueba, la cual se someterá a las reglas de contradicción previstas en este código.
Los hechos notorios y las afirmaciones o negaciones indefinidas no requieren prueba.

27 Ibídem.

28 Ibídem, p. 145.

La responsabilidad se establece como una forma de imputar el pago de los perjuicios causados al deudor, quien ha roto el equilibrio contractual al no cumplir cabalmente con lo pactado.

De esta forma, el incumplimiento constituye un riesgo, que en caso de darse genera una responsabilidad y una obligación de resarcir los perjuicios ocasionados. Esto se produce porque las partes esperan recibir de la otra el cumplimiento de la prestación, ya que: "El contrato genera obligaciones entre las partes. En tal sentido, cada uno de los contratantes es a la vez deudor y acreedor del otro; cada uno tiene la fundada esperanza de que en cierto momento el otro hará una prestación en su favor. Así, el contratante espera que el constructor le entregará la obra y éste aguarda para recibir la suma de dinero pactada por la hechura de la edificación"[29].

Así las cosas, el no cumplimiento de lo pactado, la no satisfacción de la obligación derivada del contrato, es un riesgo que se corre desde el momento en que se suscribe el contrato de obra, ya que la "obligación puede no llegar a cumplirse o puede realizarse de manera imperfecta o tardía. Justo aquí se encuentra la teoría de los riesgos de los contratos: En que las obligaciones asumidas por medio del contrato no se ejecuten o se ejecuten de una manera diferente a la estipulada por las partes o en circunstancias diversas a las contempladas al momento de la convocatoria o de la celebración del contrato"[30].

El riesgo se genera por la posibilidad del incumplimiento, que surge de la no entrega de la prestación debida, de su no satisfacción. En todo contrato de obra pública está envuelto este riesgo, ya que es una obligación de hacer y de entregar, lo que puede no darse, o como se manifestó, la obra puede terminarse y entregarse por fuera de los plazos previstos: "La no satisfacción de la obligación en los términos acordados es el riesgo general de todo contrato, y su acaecimiento o materialización genera consecuencias dañosas para la parte que lo ha de soportar"[31].

Como se trata de contratos administrativos, en este caso la mora, que necesita de reconvención judicial en otro tipo de contratos, no requiere de ésta, sino que se configura con el mero incumplimiento del plazo que se tenía para la entrega de la obra o el cumplimiento de la prestación debida.

---

29 BECERRA SALAZAR, Álvaro Darío, Op. Cit., p. 19.
30 Ibídem.
31 Ibídem, p. 20.

De esta forma, el plazo a que está sometido el cumplimiento de la obligación, y que se ha pactado en el contrato administrativo, es el elemento que determina que no sea necesaria la reconvención judicial, pero también obedece a razones presupuestales y de responsabilidad del contratista: "esta clase de contratos, como regla general, se pactan a un plazo fijo para su ejecución.

Concordante con esa idea, la cláusula de plazo constituye un elemento muy importante para la ejecución del contrato, pues como lo ha concluido la doctrina, del pacto de un plazo fijo se derivan diversas consecuencias jurídicas, algunas relacionadas con aspectos presupuestales, otras con la posibilidad de imposición de sanciones contractuales y otras relacionadas con la responsabilidad contractual del deudor"[32].

Como vemos, para que exista responsabilidad contractual derivada del incumplimiento de una prestación, es necesario que ésta conste en el contrato administrativo, y que el contratista o deudor esté en mora de entregar la obra o de ejecutarla en el plazo previsto en dicho contrato, además que dicho incumplimiento esté revestido de otro elemento, como es la culpa del deudor, tratándose de obligaciones de medio.

En este caso, la mora se configurará sin necesidad de que haya reconvención judicial, porque se ha pactado un plazo fijo en el contrato administrativo, que por regla general lo lleva establecido.

El cuarto elemento que se requiere para que exista responsabilidad contractual en materia administrativa, es el nexo de causalidad entre el daño y el incumplimiento de una de las partes.

Este elemento puede definirse como "la prueba fehaciente de la existencia de un vínculo, nexo o relación de causalidad entre el incumplimiento de una obligación a cargo de una de las partes del contrato y el daño o perjuicio sufrido por la otra parte del mismo contrato. Debe probarse, entonces, la relación de causa y efecto que existe entre los dos elementos mencionados, en el sentido de que es precisamente como consecuencia de la infracción de la obligación que se produjo el daño"[33].

Entonces, este nexo causal implica que el incumplimiento del deudor necesariamente cause un perjuicio al acreedor, y que éste se produzca como consecuencia de dicho incumplimiento.

---

32 Ibídem, p. 157-158.

33 Ibídem, p. 159.

Este incumplimiento no necesariamente se produce por una intención de terminar el contrato voluntariamente: "Frecuentemente las obligaciones se incumplen por negligencia, descuido o imprudencia, sin que de tales fenómenos pueda inferirse la intención de prescindir del contrato"[34].

Ahora bien, se debe señalar también que si existen varios hechos que generen el daño, no se debe tener en cuenta sino el hecho más importante que haya sido determinante para la ocurrencia del daño o perjuicio en contra del acreedor (la administración, pues estamos entendiendo como deudor al contratista que debe ejecutar la obra y entregarla en el plazo pactado).

De esta forma, se puede afirmar que: "cuando se presente un caso en el que aparecen varios hechos que parecen dar lugar al daño sufrido por la víctima, jurídicamente será la causa del daño, únicamente el hecho que en la cadena causal haya tenido un papel preponderante o trascendental en la ocurrencia del daño.

Lo anterior no se opone absolutamente a la existencia de condiciones equivalentes en la medida en que, la determinación de cuál de los diversos hechos constituye la causa eficiente del daño, parte de la idea de que existen diversas causas equivalentes de las cuales debe escogerse la eficiente, la cual será la verdadera causa del daño"[35].

Como se puede observar, se tiene en cuenta el hecho más relevante o que haya sido el principal determinante del daño dentro de la cadena causal. Ahora bien, el nexo de causalidad entre el incumplimiento y el daño producido a la administración, es un requisito que debe demostrarse para que exista responsabilidad del contratista, pero también puede romperse en el caso en que concurran ciertas circunstancias, como son la fuerza mayor, el hecho de un tercero y la culpa de la víctima del daño, bajo las cuales no puede imputarse responsabilidad al contratista.

De este modo, como considera la doctrina: "Una vez resuelto el problema de hechos en una cadena causal, que dan lugar a la generación de un daño, debemos ahora analizar las circunstancias que dan lugar al rompimiento de ese nexo causal, es decir, que a pesar de existir el daño y de que éste aparece producido por una o

---

34 FIERRO-MÉNDEZ, Eliodoro. *Incumplimiento de contratos*. Bogotá: Ediciones Jurídicas Gustavo Ibáñez, 1992. p. 45.

35 BECERRA SALAZAR, Álvaro Darío, Op. Cit., p. 161.

varias causas que comprometerían la responsabilidad del deudor, existen circunstancias que impiden el reconocimiento jurídico de esa responsabilidad. Al respecto, son tres las circunstancias que aparejan esta consecuencia jurídica, a saber: el caso fortuito o fuerza mayor, el hecho de un tercero y la culpa de la víctima de un daño"[36].

Se debe recalcar entonces que en este caso el daño efectivamente se produce, porque una de las partes –la administración–, se ve perjudicada por un hecho, el cual causa dicho daño, pero el deudor o contratista salva su responsabilidad por la ocurrencia de una de estas causales, que son ajenas, entonces, a su voluntad o proceder, porque no están bajo su control ni dentro de sus posibilidades ha podido evitarlas.

3.1. Ejecución forzada

El incumplimiento del contrato administrativo, como se ha dicho, rompe el equilibrio financiero, y genera unos perjuicios a la parte acreedora. En este sentido, la ley prevé unas formas de resarcir esos daños, o remediar dicha situación. Para ello, consagra que en los contratos administrativos la parte que sufre el perjuicio puede recurrir a una de estas tres opciones: la ejecución forzada, la resolución del contrato y la indemnización de perjuicios.

Como vemos, para que pueda recurrirse a una de estas opciones, se requiere que ocurra el incumplimiento, como un hecho, generándose, por él, las consecuencias jurídicas anteriormente indicadas[37].

La ejecución forzada consiste en la posibilidad que tiene el acreedor para exigir mediante vía judicial la ejecución de la obra en los términos en que se pactó en el contrato de obra.

La ejecución forzada, no obstante, requiere de ciertos elementos para que sea procedente, el primero de los cuales consiste en que la prestación u obra que se exige realizar o terminar, sea fácticamente posible, esto es, ejecutable en el sentido material y jurídico, y que la administración o parte acreedora tenga el interés en que sea terminada o ejecutada.

Redondeando este concepto, se puede señalar que "este efecto del incumplimiento de las obligaciones contractuales consiste en que el

---

36 Ibídem.

37 Fierro Méndez, Heliodoro, Op. Cit., p. 65-65.

ordenamiento jurídico otorga al acreedor la posibilidad de acudir al juez del contrato para que éste, como consecuencia del ejercicio de una acción ejecutiva, ordene la ejecución *in natura* de la prestación incumplida, siempre que dicha prestación sea aún posible y que se mantenga el interés del acreedor"[38].

Ahora bien, como se trata de contratos administrativos, la administración está facultada con la denominada autotutela ejecutiva o posibilidad de prescindir de la vía judicial para de manera propia y directa exigir coactivamente la ejecución de la obra o prestación: " En virtud de este privilegio, propio de la administración pública, ésta podría eximirse de acudir al juez del contrato a efectos de obtener la orden para que su cocontratante cumpla con las prestaciones contractuales a su cargo, independientemente de si se trata de obligaciones pecuniarias o materiales de hacer"[39].

Sin embargo, la autotutela ejecutiva sólo es permitida normalmente en el caso de contratos unilaterales, y por tanto en los bilaterales, donde concurre el contratista y la administración, cada uno con sus propias obligaciones o prestaciones, se requerirá que lo autoricen las leyes.

Así las cosas, "dependiendo de las características de cada ordenamiento jurídico en particular, en caso de que exista atribución expresa, la administración podrá perseguir de oficio la ejecución de las obligaciones contractuales de las cuales es acreedora. En caso de que no la haya, deberá acudir al juez con el fin de lograr la orden de cumplimiento de las obligaciones a cargo de su contratante"[40].

Por otra parte, es preciso señalar que en el caso del contratista, para que pueda recurrir al juez con el fin de exigir el cumplimiento de la prestación debida por la administración, si es ésta quien incumple, debe permitirlo el ordenamiento jurídico, ya que existe el principio según el cual el juez no puede darles órdenes a la administración, exhortarla o sustituirla, por lo que ésta es independiente y debe respetarle el principio de la separación o división de poderes, por lo cual sólo es posible, en principio, que el contratista acuda al juez para exigirle a la administración el cumplimiento de prestaciones pecuniarias, pero no de obligaciones de hacer:

---

38 BECERRA SALAZAR, Álvaro Darío, Op. Cit. p. 166.

39 Ibídem.

40 Ibídem, p. 167.

Como se observa, es necesario que el ordenamiento jurídico autorice, en el caso de exigir una ejecución forzada a la administración, el cumplimiento de una obligación de hacer a la administración, mientras que se requerirá igualmente que dicho ordenamiento permita que ésta, de oficio, pueda exigir coactivamente al contratista el cumplimiento de su obligación, de manera directa y sin necesidad de acudir al juez para que dicte sentencia al respecto.

3.2. RESOLUCIÓN DEL CONTRATO Y LA CADUCIDAD DEL MISMO

La resolución del contrato es otro de los efectos que puede producir el incumplimiento del mismo por parte del deudor o contratista. En este caso, la administración puede acudir al juez para que éste ordene la terminación o resolución del contrato. De esta forma, se da por concluida la relación contractual en virtud del incumplimiento de las prestaciones debidas por una de las partes.

Debemos señalar que la resolución del contrato sólo procede en los contratos bilaterales, es decir, aquellos donde hay dos partes que tienen prestaciones u obligaciones mutuas, con el aditamento de que para que sea viable dicha resolución, además, una de las partes, quien solicita la declaración de este efecto, debe haber cumplido plenamente con sus obligaciones: "para la procedencia de la aplicación de esta figura, es indispensable que, en primer lugar, nos encontremos en presencia de un contrato bilateral o de prestaciones recíprocas; además, el deudor contractual debe haber incumplido con las obligaciones debida y, finalmente, será indispensable que el acreedor contractual haya cumplido efectivamente con sus propias obligaciones o que de su conducta se evidencie que esté dispuesto a cumplirlas"[41].

Como vemos, para que proceda la resolución del contrato es necesario que éste sea de carácter bilateral y que la administración cumpla con sus obligaciones o se evidencie que está en disposición de cumplirlas, pero además se requiere que el incumplimiento de deudor o contratista, sea grave o importante, descartándose que cualquier tipo de incumplimiento dé lugar a solicitar al juez la resolución del contrato, o por lo menos a que esta solicitud sea resuelta positivamente por el ente judicial, ya que es su deber analizar la gravedad del incumplimiento y de acuerdo con ello producirse el fallo.

---

[41] Ibídem, p. 170.

La resolución, pues, lleva aparejado el incumplimiento, pero en ella además debe tenerse en cuenta la existencia de dos factores, como son la culpa y el incumplimiento resolutorio como tal, de forma que la facultad resolutoria: "presupone el incumplimiento del deudor; sin embargo, hay que estudiar su supuesto de hecho, los requisitos que, unidos al incumplimiento, permiten su ejercicio"[42].

En este sentido, podemos decir que la resolución sólo opera cuando se trata de un incumplimiento grave, de gran entidad, y no por cualquier tipo de incumplimiento.

Asimismo, en el derecho comparado, la jurisprudencia internacional ha expresado que es importante tener en cuenta, para valorar que el perjuicio es grave, el monto o valor del contrato incumplido, así como los fines y propósitos que con él se persiguen, asociados con la magnitud de la obra a realizar[43].

Con respecto a la culpa del deudor, encontramos que éste es un elemento que no opera para que proceda o no la resolución por incumplimiento del contrato, es decir, que aun no teniendo la culpa el deudor del acaecimiento del incumplimiento señalado, la resolución puede pedirse, puesto que "el incumplimiento resolutorio es un hecho objetivo que prescinde de la valoración de la conducta del deudor, no así de su entidad o gravedad en relación con el propósito práctico del acreedor. La resolución, por consiguiente, es un efecto de ese especial incumplimiento y no de la culpa del deudor"[44].

Ahora bien, en este tipo de contratos administrativos, es importante la finalidad que persiguen, esto es, el interés general, satisfacer las necesidades públicas. Por ello, cobra relevancia la estimación del incumplimiento, y su carácter de grave, porque la resolución del contrato no es la regla general, sino más bien la excepción: "esta exigencia de incumplimiento cualificado es especialmente relevante en materia de contratación administrativa, precisamente por las finalidades que tienen la celebración de los contratos de esta naturaleza, en cuanto a la satisfacción del interés general, la continua y eficiente prestación de los servicios públicos y el cumplimiento de los fines del Estado"[45].

---

42 PIZARRO, Wilson; VIDAL OLIVARES, Álvaro, Op. Cit., p. 185.

43 Ver sentencia de la Corte Suprema de Chile, de 7 de mayo de 2002, accesible en www.lexisnexis.cl, indicador: 25.338.

44 PIZARRO, Wilson; VIDAL OLIVARES, Álvaro, Op. Cit. p. 191.

45 Ibídem, p. 170-171.

Como se afirmó, la resolución no puede pedirse, en cualquier caso, porque se busca es la ejecución del contrato en principio, y no darlo por terminado anticipadamente, pues ello acarrea lesionar los intereses públicos que se persiguen, al no realizarse el fin del contrato.

Además de ello, la resolución del contrato no es la regla general porque ella va en contravía de la preservación del negocio jurídico, esto es, de su continuación y ejecución, pues acaba el vínculo contractual definitivamente, y es entonces una sanción: "De forma complementaria, debe anotarse que esta exigencia de que el incumplimiento sea de cierta entidad, obedece al hecho de que la resolución como sanción por la inejecución de las obligaciones es de la mayor gravedad, en tanto implica la extinción del vínculo contractual, lo cual se opone al principio de conservación de los negocios jurídicos"[46].

Es preciso señalar también que la administración puede, en caso de que se haya presentado incumplimiento grave por parte del contratista, declarar la caducidad del contrato, que se equipara a la resolución del mismo, o mejor, a su terminación anticipada, sin necesidad de acudir al juez para que éste ordene dicha resolución.

Ello, en virtud de la cláusula exorbitante de caducidad que lleva aparejado el contrato administrativo, como una facultad de que está investida la administración para ejercerla en estos casos: " debe hacerse notar que cuando ocurre un incumplimiento grave de las obligaciones contractuales por parte del cocontratante de la administración, ésta tiene la posibilidad de utilizar la cláusula exorbitante de caducidad administrativa del contrato, y, a través del ejercicio de ese poder excepcional lograr la terminación anticipada del vínculo negocial sin necesidad de acudir al juez del contrato"[47].

Entonces, la resolución del contrato se aplica cuando quien incumple es la administración y entonces el contratista puede acudir al juez para que éste ordene dicha resolución y se ponga fin a la relación contractual, mientras que la caducidad es potestad de la administración, y puede declararla de oficio en caso de incumplimiento grave del contratista, sin necesidad de acudir a la vía judicial: " la existencia de esta prerrogativa derivada de la cláusula exorbitante podría ser entendida como que, en caso de incumplimiento grave

---

[46] Ibídem.

[47] Ibídem, p. 172.

de las obligaciones contractuales de la administración, procedería la resolución por incumplimiento, mientras que en el evento de que el incumplimiento grave provenga del cocontratante de la administración, deberá declararse la caducidad del contrato"[48].

La caducidad deriva de las cláusulas excepcionales de la administración, que son prerrogativas o estipulaciones de carácter especial que ésta tiene en el contrato, que la hacen privilegiada con respecto a la otra parte, y que no sólo se dan en nuestro derecho, sino también en el *common law* y en el derecho germánico[49].

Cabe anotar también que no es suficiente con que el incumplimiento sea grave, sino que para que se pueda declarar la caducidad del contrato por parte de la administración, es necesario que el incumplimiento del contratista se haya producido por la culpa o ineficiencia de éste, y además, para favorecer el interés público, que es la finalidad que deben perseguir los contratos de esta índole, y es uno de los principios de la administración, por lo que debe tenerse en cuenta este aspecto para poder declarar dicha caducidad del contrato:

> "Esta sanción rescisoria del contrato que se deriva del ejercicio de la cláusula de caducidad, procede únicamente cuando su ejecución resulta imposible por el cocontratante debido a su culpa, su incapacidad o su ineficiencia, siempre que la finalidad perseguida sea la de favorecer la continuidad y conclusión satisfactoria del objeto contractual. Es decir, que no basta un incumplimiento grave para que proceda la sanción de caducidad administrativa del contrato, sino que es necesaria la presencia de la finalidad del servicio público"[50].

Así las cosas, se requiere que concurran todos estos elementos para que la administración pueda declarar, de oficio, la caducidad del contrato. Pero además de ello, es necesario que, en el caso particular, la ley no prohíba a la administración hacer esta declaración: "De esta manera, cuando no se configuran todos los elementos para la utilización de ese poder exorbitante en un contrato administrativo en particular, aparece la posibilidad de que la administración solicite al juez del contrato la resolución del mismo por incumplimiento"[51].

---

48 Ibídem.

49 Véase URUETA ROJAS, Juan Manuel. *El contrato de concesión de obras públicas.* Bogotá: Ed. Ibáñez, 2010. p. 297.

50 Ibídem, p. 173.

51 Ibídem.

Ahora bien, la resolución del contrato procede en los contratos administrativos, aunque la administración tiene la potestad de aplicar la caducidad del contrato, si concurren los elementos o requisitos necesarios para ello, y además si la ley no lo prohíbe para el caso concreto:

La caducidad del contrato busca entonces que se preserve el interés público, que es la finalidad de la administración, para que no siga siendo lesionado con el incumplimiento del contratista. La resolución del contrato, figura que corresponde más al incumplimiento de la administración, la invoca el contratista y a ella se aplican las reglas del derecho privado.

La caducidad, al ser declarada, constituye el siniestro del incumplimiento, tal como lo dispone la Ley 80 de 1993 en su artículo 18. Las pólizas de seguros representan garantías que cubren estos tipos de incumplimiento, y que se suscriben con este fin.

Ocurrida la declaratoria de caducidad, se da lugar a la indemnización prevista en estas garantías, "dando lugar por parte de la aseguradora a la indemnización o reparación de los perjuicios causados –en dinero o como garante de la ejecución del contrato– a la entidad contratante, y hacer efectivo, en esta última, el pago de la cláusula penal pecuniaria (por incumplimiento definitivo: el perjuicio se consumó totalmente)"[52].

La caducidad no opera automáticamente, sino que debe ser declarada mediante acto administrativo, como lo dispone el art. 7mo de la Ley 1150 de 2007. Este acto administrativo constituye el siniestro del incumplimiento y da lugar a que se hagan efectivas las garantías.

De la misma forma, es importante señalar que la Ley 1150 de 2007, en su art. 17 y ss, consagra que para que se pueda declarar la caducidad, es requisito previo garantizar el debido proceso a la parte que se predica incumplida o deudora, por ser éste un derecho de carácter constitucional que se aplica en el ámbito de la contratación pública.

3.3. Indemnización de perjuicios

La indemnización de perjuicios es otro de los efectos que produce el incumplimiento del contrato por una de las partes. Hace referencia

---

[52] Solano Sierra, Jairo Enrique, Op. Cit., p. 538.

al pago de una suma dineraria que equivale a la ejecución pecuniaria del contrato, en el caso del contratista, y de la administración en el resarcimiento de los perjuicios ocasionados, sin perjuicio de que el contratista pueda pedir además del dinero adeudado una suma adicional que corresponda a los perjuicios que el retardo en el pago o la no cancelación del mismo le haya generado.

La indemnización de perjuicios, entonces, es "el efecto natural de la determinación de la existencia de una responsabilidad contractual, y procede cuando la ejecución *in natura* de la obligación ya no es posible, sea por una imposibilidad material o jurídica, sea por la pérdida de interés del acreedor. La obligación de reparar sustituye, en ese contexto, a la obligación pactada.

Además, la indemnización de perjuicios también procede en la ejecución *in natura,* respecto de los perjuicios generados por el retardo o el cumplimiento imperfecto, y en la resolución del contrato, respecto de los daños derivados del incumplimiento que genera la terminación del mismo"[53].

En este orden de ideas, la indemnización de perjuicios procede cuando no es posible la ejecución del contrato, bien por impedimentos materiales o jurídicos, sino también cuando se presenta un cumplimiento parcial, o tardío, o cuando hay desperfectos en la obra.

De la misma forma, procede en el caso de la resolución del contrato, pues ésta sólo termina el vínculo contractual, y es necesario entonces que se indemnicen los perjuicios derivados del incumplimiento.

Debemos afirmar, entonces, que "Civilmente los contratistas responderán ante la entidad contratante por los perjuicios causados, para lo cual pagarán la indemnización que comprende el daño emergente y el lucro cesante, en los términos del artículo 1614 del Código Civil"[54].

Ahora bien, esta indemnización se produce sólo cuando se ha probado la responsabilidad del deudor –en este caso el contratista–: "el incumplimiento de las obligaciones contractuales o la ineficiencia en términos de la satisfacción pactada, pasan a ser valorados para establecer probatoriamente si los mismos son producto de la culpa

---

[53] Ibídem, p. 173-174.

[54] Cuello Duarte, Francisco. *Contratos de la Administración Pública.* Bogotá: Ecoe ediciones, 2002. p. 123.

del deudor; si es responsable de su ocurrencia responde por el riesgo causado y como consecuencia de ello debe resarcir el perjuicio ocasionado a la parte afectada"[55].

Podemos observar entonces que la indemnización de perjuicios viene como consecuencia de la determinación de responsabilidad del deudor, quien debe pagar o resarcir los perjuicios ocasionados por su incumplimiento, que puede ser el cumplimiento tardío de la obligación o la ejecución defectuosa de la prestación.

La indemnización debe ser integral, esto es, cubrir todo el monto de los daños causados a la administración, pero no rebasar ese monto. En este sentido, se trata de una responsabilidad contractual del contratista, y la indemnización entonces se rige por estas reglas, y no por la de la responsabilidad extracontractual. La indemnización, entonces, no puede dar lugar a un enriquecimiento ilícito o fuera de lo debido, ya que precisamente se busca que se pague todos los daños ocasionados, sin rebasar esa suma.

La indemnización de perjuicios abarca tanto el daño emergente como el lucro cesante. El daño emergente es el daño directo causado con el incumplimiento del contratista, mientras que el lucro cesante es lo que deja de percibir como ganancia por dicho incumplimiento.

Con respecto a la indemnización de perjuicios extrapatrimoniales, cabe destacar que se discute si deben ser indemnizados, ya que corresponde a aspectos morales o que no están dentro de los bienes materiales o patrimoniales. Sin embargo, se coincide mayoritariamente en afirmar que sí es procedente su indemnización.

El término indemnización integral, implica los daños materiales causados por el incumplimiento del contratista, y también los daños morales o extrapatrimoniales, porque precisamente así se configura el carácter integral de la indemnización.

No obstante, como se trata de personas jurídicas quienes en principio sufren las consecuencias o daños producidos por el incumplimiento del contratista, es obvio que ellas no sufren daños morales en sí, sino desprestigio de su buen nombre que afecta su imagen, porque los perjuicios morales propiamente dichos se aplican a las personas

---

55 MELÉNDEZ JULIO, Inocencio. *La responsabilidad contractual en el derecho público de los contratos estatales.* Bogotá: Ed. Doctrina y Ley, 2009. p. 531.

naturales: "debe hacerse notar que, en el evento de que el acreedor perjudicado sea una persona jurídica, la doctrina ha señalado que en ningún caso esta clase de personas pueden sufrir daños inmateriales, de tal manera que frente a este tipo de personas la indemnización deberá limitarse únicamente al daño emergente y al lucro cesante que se llegue a acreditar dentro del juicio de responsabilidad"[56].

Así las cosas, lo que se afecta es el buen nombre de la persona jurídica, lo cual hace parte también de su patrimonio, de modo que la indemnización se traduce en el pago por los perjuicios de esta índole ocasionados por el referido incumplimiento:

> "se ha considerado que los perjuicios sufridos por el menoscabo del derecho al buen nombre de las personas jurídicas se indemnizan con el pago de perjuicios materiales, específicamente a través del resarcimiento por los daños sufridos por la persona en su *good will* o prestigio comercial, concepto que constituye un bien intangible que forma parte del patrimonio de la persona jurídica y *alude al buen nombre, al prestigio que tiene un establecimiento mercantil, o un comerciante, frente a los demás y al público en general"*[57].

Hay que señalar igualmente que en el caso en que la responsabilidad por el incumplimiento acaecido sea atribuible a las dos partes, o haya sido generada por la culpa tanto del contratista y de la administración, la indemnización se deberá dividir entre los dos, de manera que disminuirá el valor en que el contratista deberá indemnizar los perjuicios materiales ocasionados:

> "en materia de reparación del perjuicio, debe recordarse que en el evento de concurrencia de culpas o de causas, esto es, cuando en la producción del daño exista culpa o participación del acreedor contractual, sin que dicha circunstancia sea la causa única de dicho daño, se genera una reducción en el valor de la indemnización a cargo del deudor contractual"[58].

De esta forma, no se requiere que haya una culpa exclusiva del contratista, sino que, si ésta es compartida con la administración, de todas formas, procederá la indemnización de los perjuicios materiales ocasionados, pero en menor medida y de acuerdo al grado o porcentaje de

---

56 Becerra Salazar, Álvaro Darío, Op. Cit. p. 177.
57 Ibídem.
58 Ibídem.

responsabilidad que haya tenido en el incumplimiento de las prestaciones contractuales y en la generación de los consecuentes daños.

4. CAUSALES DE EXONERACIÓN

Como se ha visto, el contratista, en un contrato administrativo de obra pública, es responsable por el incumplimiento de las prestaciones a que se ha obligado al suscribir el contrato descrito. Pero para que pueda configurarse esta responsabilidad, es necesario que concurran la existencia del contrato como tal, el daño causado, el incumplimiento de una obligación contractual y que exista un nexo de causalidad entre el daño producido y la causa del mismo, en este caso el incumplimiento del contratista.

Ahora bien, el nexo de causalidad se rompe bajo tres circunstancias: la fuerza mayor, el hecho de un tercero o la culpa de la víctima (la administración). De esta forma, el contratista no responde en estos casos, pues se trata de causales de exoneración de su responsabilidad.

Estas causales, también denominadas eximentes de responsabilidad, contienen una serie de elementos para su configuración, los cuales son la irresistibilidad, la imprevisibilidad y que se exteriorice respecto del demandado, esto es, que concurra, se produzca sobre él o le sea aplicable una o varias de estas eximentes, como ha afirmado la jurisprudencia:

> "Se debe precisar que las tradicionalmente denominadas causales eximentes de responsabilidad -fuerza mayor, caso fortuito, hecho exclusivo y determinante de un tercero o de la víctima- constituyen diversas circunstancias que dan lugar a que resulte imposible imputar, desde el punto de vista jurídico, la responsabilidad por los daños cuya causación ha dado lugar a la iniciación del litigio, a la persona o entidad que obra como demandada dentro del mismo. En relación con todas ellas, tres son los elementos cuya confluencia tradicionalmente se ha señalado como necesaria para que sea procedente admitir su configuración: (i) su irresistibilidad; (ii) su imprevisibilidad y (iii) su exterioridad respecto del demandado"[59].

[59] Consejo De Estado. Sala de lo Contencioso Administrativo, sentencia de 26 de marzo de 2008, Exp. 16530, M.P. Mauricio Fajardo Gómez, reiterada en Sentencia de la misma Corporación, Sección Tercera, Subsección B, de 24 de enero de 2019, Radicación número: 25000-23-26-000-2007-00361-01(43401), M.P. Marta Nubia Velásquez rico (E).

De tal suerte que estas eximentes no operan directamente, deben ser demostradas por quien las alega, cumplir con los elementos para su configuración, y en caso de que concurran, eximirán de responsabilidad civil al contratista, respecto de los riesgos, incumplimientos o fallas que se le endilguen con relación a la ejecución del objeto contractual.

4.1. La fuerza mayor

La fuerza mayor hace referencia a la imposibilidad de cumplir con la obligación por circunstancias o eventos imprevisibles e irresistibles para el deudor –en este caso e contratista–, y que cumplan, además, con el requisito de ser ajenas a su voluntad.

Es importante, entonces, que concurran estas dos circunstancias: la imprevisibilidad e irresistibilidad del hecho causante del incumplimiento del contratista, que a su vez produce un daño o perjuicio para la administración.

Lo cual indica que estos hechos son ajenos a la voluntad del contratista, y que él actuando de forma prudente no ha podido ni preverlos ni resistirlos: "para que un determinado hecho pueda dar lugar a la configuración de una fuerza mayor o caso fortuito, resulta indispensable que el mismo cumpla los requisitos de imprevisibilidad e irresistibilidad. La imprevisibilidad del hecho se refiere a que su ocurrencia no haya sido posible prever por una persona prudente; y la irresistibilidad a que su ocurrencia es materialmente inevitable"[60].

La fuerza mayor es entonces un hecho externo a la voluntad del contratista, que no puede preverse ni resistirse, es decir, que es inevitable.

Ahora bien, cuando media el dolo del deudor, esta imprevisibilidad no se aplica, ya que: "el deudor que incumple con dolo, pasa por sobre el contrato y lo desconoce, representándose el daño que ello irrogará al acreedor.

Por ello, el deudor no puede pretender invocar el contrato como medida de protección, alegando la imprevisibilidad de las pérdidas cuya indemnización se demanda. En derecho nadie puede pretender aprovecharse de su propio dolo. Ello explica por qué la ley condena

---

60 Ibídem, p. 162.

al deudor a la indemnización de todo daño que sea una consecuencia directa e inmediata del incumplimiento (todo daño)"[61].

4.2. Hecho de un tercero

El hecho de un tercero constituye otra de las causales de exoneración de responsabilidad del contratista, que también rompe el nexo de causalidad entre el incumplimiento de este y el daño causado a la administración.

El tercero puede definirse como alguien ajeno a las partes, que no está vinculado a ellas ni contractualmente ni por mandato de la ley, y que es el causante del daño producido: "el hecho de un tercero como mecanismo de ruptura del nexo de causalidad hace referencia a que la circunstancia generadora del daño es atribuible a un tercero ajeno a la relación contractual, es decir, que la causa del daño no es jurídicamente imputable al agente generador del daño, que para la responsabilidad contractual es la parte deudora del contrato, sino a un tercero extraño a la relación jurídica contractual"[62].

Es preciso aclarar en este punto que el hecho del tercero debe ser la única causa del daño, esto es, que el perjuicio no haya sido ocasionado conjuntamente por el contratista y el tercero, sino que solamente sea atribuible a este último, a su culpa exclusiva. De lo contrario, el contratista deberá responder frente a la administración, y luego repetir contra el tercero por la parte en que éste haya sido responsable del daño:

> "Frente a esta circunstancia, se discute si para exonerar de responsabilidad al demandado es indispensable que la intervención del tercero sea la causa exclusiva del daño. Al respecto, la doctrina ha concluido que en el evento de que, además de la intervención del tercero, el obrar del demandado sea concausa del daño, normalmente los ordenamientos jurídicos consagran como regla la solidaridad entre los agentes que generaron el daño, como lo hace el derecho colombiano en el artículo 2344 del Código Civil, lo cual implica que el demandado deberá asumir el deber de indemnizar plenamente y podrá repetir contra el tercero por la porción que a este le corresponde en el deber de indemnizar. De esta manera, para que el hecho del

[61] Pizarro, Wilson; Vidal Olivares, Álvaro, Op. Cit., p. 197.

[62] Ibídem, p. 163.

> tercero rompa el vínculo de causalidad, será indispensable que la intervención del tercero sea la causa única del daño"[63].

4.3. Culpa exclusiva de la administración

La culpa de la víctima-en este caso la administración-, es otra de las causales de exoneración de responsabilidad del contratista. Sin embargo, para que pueda romper el nexo de causalidad entre el incumplimiento originado por la demora del contratista o por entregar la obra con defectos o no conforme a las normas existentes que regulan la calidad de la misma o señalan un estándar mínimo que debe tener dicha obra, es necesario que la culpa sea exclusiva de la víctima, es decir, de la administración.

De lo contrario, no se romperá dicho nexo, por cuanto concurrirá la responsabilidad del contratista y de la administración, por lo cual el primero deberá responder en la medida en que fue culpable del hecho que produjo o causó el incumplimiento que a su vez ocasionó un perjuicio a la administración.

Sobre el alcance de esta figura, ha expresado el Consejo de Estado:

> "Para efectos de que opere el hecho de la víctima como eximente de responsabilidad, es necesario determinar, en cada caso concreto, si el proceder –activo u omisivo– de aquélla tuvo, o no, injerencia y en qué medida, en la producción del daño. En ese orden de ideas, resulta factible concluir que para que el hecho de la víctima tenga plenos efectos liberadores de la responsabilidad estatal, es necesario que la conducta desplegada por la víctima sea tanto la causa exclusiva, esto es, única del daño, como que constituya la raíz determinante del mismo, es decir que se trate de la causa adecuada. (...) De las pruebas que obran en el expediente, incluso aquellas que hacen parte del proceso penal trasladado, no existe certeza acerca de cuál habría sido la participación de la víctima en los hechos materia del presente proceso, situación que impide tener por acreditado el hecho exclusivo de la víctima como causa de exoneración de responsabilidad"[64].

---

[63] Ibídem.

[64] Véase sentencia de 2 de mayo de 2007, Exp. 24972, MP. Mauricio Fajardo Gómez, cuya postura ha sido reiterada por la misma Corporación, Sección Tercera, en Sentencia de 13 de noviembre de 2013, expediente No. 23829, M.P. Hernán Andrade Rincón.

De manera que, como en el caso del hecho de un tercero, el cual debe haber sido provocado únicamente por éste, la culpa debe ser sólo de la víctima, no debe mediar responsabilidad del contratista, porque entonces éste tendrá que indemnizar parcialmente a la administración, o asumir la responsabilidad en la proporción que le corresponda.

Ahora bien, en el evento en que el riesgo haya sido producido por la administración y un tercero –sea o no el contratista–, como se afirmó, la administración debe responder de manera parcial, en la proporción en que ocasionó el daño, siempre y cuando exista un nexo causalidad entre el hecho o riesgo causado y la acción u omisión de la administración, como manifestó el Consejo de Estado:

> "La violación de las obligaciones a las que están sujetos los administrados, puede conducir a la exoneración total o parcial de la responsabilidad administrativa, dependiendo de la trascendencia y del grado de participación de los afectados en la producción del daño. (...) Por lo tanto, no toda conducta asumida por la víctima constituye un factor que rompa el nexo de causalidad entre el hecho y el daño, toda vez que, para que la culpa de aquélla releve de responsabilidad a la administración, debe acreditarse una relación de causalidad entre ella y el daño. Si el hecho del afectado fue la causa única, exclusiva o determinante del daño, la exoneración es total; por el contrario, si tal hecho no tuvo incidencia en la producción de aquél, debe declararse la responsabilidad estatal. Ahora bien, si la actuación de la víctima concurre con otra causa para la producción del daño, se produce una liberación parcial, por aplicación del principio de concausalidad y de reducción en la apreciación del daño, de acuerdo con lo previsto por el artículo 2357 del Código Civil"[65].

Por su parte, existen eventos en que no es aplicable la eximente de culpa exclusiva de la víctima, como cuando no es posible establecer o probar cómo se produjo el daño, de tal suerte que al no ser esto factible, no se puede terminar tampoco si hubo culpa exclusiva de la víctima y no es susceptible de ser invocada y/o aplicada dicha causal, al no existir certeza de las circunstancias materiales en que se produjo el hecho dañoso:

> "Producto de la falta de certeza de cómo se produjo el hecho dañoso, también se impone la desestimación de la culpa exclusiva

---

65 Consejo De Estado. Sala de lo Contencioso Administrativo. Sección Tercera, Subsección A, sentencia de 3 de octubre de 2019, Radicación número: 73001-23-31-000-2011-00705-01(48572), M.P. Carlos Alberto Zambrano Barrera.

> de la víctima, pues como lo ha sostenido esta Subsección, "... si no existe certeza de la manera en que se produjo su fallecimiento –sólo que murió a manos de la Policía Nacional–, no puede sostenerse igualmente que se hubiere configurado la causal eximente de responsabilidad aquí analizada"[66].

Lo anterior, tratándose de los riesgos que pueden producirse en el desarrollo del objeto contractual, en contratos de obra pública, lo cual refleja que toda eximente de responsabilidad, inclusive la de la culpa exclusiva de la víctima, debe ser probada, por cualquier medio probatorio válido, por quien la invoca, en aplicación del artículo 167 del Código General del Proceso, observable en materia contencioso administrativa.

5. EL RIESGO Y EL EQUILIBRIO DEL CONTRATO

Los riesgos alteran el equilibrio económico del contrato porque precisamente rompen la reciprocidad que debe existir entre las partes en cuanto a sus prestaciones, ya que generan mayores costos para una de ellas.

El equilibrio económico del contrato busca que esto no se dé, pues su principio consiste en que haya equidad entre las obligaciones de cada una de las partes, esto es, que haya una correspondencia entre las prestaciones, y no una parte que gane frente a otra que pierda.

En este sentido, es válido afirmar sobre el equilibrio económico: "Los contratos administrativos deben ser pactados de tal manera que exista una interdependencia entre las prestaciones, es decir, como contratos sinalagmáticos que son, debe existir una reciprocidad entre las obligaciones de cada una de las partes, de tal manera que exista una correspondencia de unas con otras, pudiendo considerarse como equivalentes las obligaciones pactadas. Entonces, en aplicación de esa idea, el principio del equilibrio contractual se refiere a la necesidad de ue dicha correspondencia entre prestaciones, esto es, entre derechos y obligaciones, se mantenga hasta la finalización del contrato"[67].

---

66 CONSEJO DE ESTADO. Sala de lo Contencioso Administrativo. Sección Tercera, Subsección A, Sentencia de 11 de junio de 2014, Radicación número: 68001-23-15-000-1995-11092-01(28728), M.P. Hernán Andrade Rincón (E).

67 RODRÍGUEZ R, Libardo. *El equilibrio económico en los contratos administrativos*. Bogotá: Ed. Temis, 2009. p. 10.

Así las cosas, encontramos que el equilibrio económico del contrato está implícito en el mismo, en las condiciones que se pactan, y debe mantenerse durante toda la etapa de ejecución del contrato, hasta su culminación, porque los riesgos pueden producirse en cualquiera de dichas etapas y entonces se rompería dicho equilibrio, en detrimento de una de las partes, como lo ha expresado el Consejo de Estado "*se pretende que la correspondencia existente entre las prestaciones correlativas que están a cargo de cada una de las partes del contrato, permanezca durante toda su vigencia, de tal manera que a la terminación de éste, cada una de ellas alcance la finalidad esperada con el contrato*"[68].

La ecuación financiera del contrato, según la cual debe haber un equilibrio entre las prestaciones de ambas partes, no puede romperse en beneficio de una de ellas, y en detrimento de la otra, quien debería entonces asumir las pérdidas generadas con los riesgos.

Para corregir este hecho, es que se establece este principio, y entonces la parte que genera el hecho que altera el equilibrio contractual, bien por su acción u omisión, debe resarcir los daños causados y restablecer el equilibrio mencionado: "Esta idea de equilibrio, como se dice aún, de ecuación financiera del contrato, consiste en considerar el contrato administrativo como un conjunto en el cual los intereses de las partes se condicionan; cuando, en alguna condiciones (...), el equilibrio inicialmente considerado se rompe en detrimento del particular cocontrante, este tiene derecho para que el equilibrio sea restablecido por la administración contratante en forma de una compensación pecuniaria"[69].

El equilibrio contractual implica que la parte incumplida, que por su actuación u omisión causa el rompimiento de dicho equilibrio, generando perjuicios a la otra parte, debe indemnizarla, bien sea la entidad contratante la incumplida, o el contratista.

De esta forma, "el principio de la ecuación contractual, que constituye un mandato imperativo y principio consustancial del contrato, propende a conservar en equivalencia de condiciones las prestaciones

68 Consejo De Estado. Sala contencioso administrativa, sentencia del 26 de febrero de 2004.

69 De Laubadère, André; Gaudemet, Yves, *Traité de droit administratif*, París, LGDJ, 2001, p. 706.

y derechos de las partes y, por lo tanto, no sólo aplicable a favor de la persona del contratista, sino también de la entidad contratante"[70].

Asimismo, debemos precisar que el contratista debe responder por las modificaciones que por su conducta se produzcan a la obra, o que generen mayores gastos a la misma, para mantener el equilibrio económico del contrato, de forma que "en todos los casos la situación del contratante debe ser finalmente tal que pueda lograr las ganancias razonables que habría obtenido de cumplirse el contrato en las condiciones originarias"[71].

Con la Ley 1150 de 2007, se estableció la posibilidad de trasladar los riesgos en cabeza del contratista, lo cual traduce en que válidamente se pueda generar el rompimiento del equilibrio económico del contrato, donde el contratista se obliga asumir una serie de riesgos que pueden incrementar los costos del contrato a cambio de recibir una compensación económica por parte de la entidad, suma de dinero que el contratista diligente debe destinar a un fondo que asegure el cubrimiento de este riesgo en el evento que sobrevenga.

Él será, entonces, quien deba asumirlos, porque a ello se ha comprometido en el respectivo contrato de obra pública.

En caso de que no se dé el riesgo, el contratista, por haber asumido el mismo, se quedará con el monto dinerario asignado para el cubrimiento de dichos riesgos por parte de la entidad contratante, lo cual a su vez no establece el rompimiento del equilibrio financiero debido a que al momento de asumir el riesgo el contratista arriesga su patrimonio y por lo tanto no se constituye un enriquecimiento sin justa causa como algunos juristas han insinuado, sugiriendo que ante la no causación del riesgo le asiste la obligación al contratista de devolver los dineros recibidos por este hecho.

En conclusión, la asunción de los riesgos por parte del contratista apareja como consecuencia una mayor responsabilidad a la que inicialmente poseía en el contrato y que la afectación del equilibrio económico del contrato por haberse presentado un riesgo asignado al contratista, no concede ningún de derecho de reclamación a la entidad por el mayor valor en que tuvo que incurrir el contratista para la ejecución de la obra.

---

70 Solano Sierra, Jairo Enrique. *Contratación administrativa.* Bogotá: Ed. Doctrina y Ley, 2010, p. 768.

71 Sayagués Laso, Enrique. *Tratado de derecho administrativo*, Tomo I, Bogotá, p. 570 y 571.

Tan solo en el evento en que el riesgo asumido no haya sido debidamente valorado y como consecuencia los efectos producidos por el hecho nocivo sean superiores a los inicialmente valoradas por la entidad contratante, el hecho se haya producido consecuencia de una actuación u omisión de la entidad o por fuerza mayor se podrá solicitar por parte del contratista el equilibrio financiero del contrato.

5.1. Teoría de la imprevisión

La teoría de la imprevisión se relaciona con el evento en el cual surgen situaciones imprevistas y ajenas a la voluntad de las partes que hacen más gravosa la ejecución del objeto contractual y constituye una ruptura al equilibrio económico del contrato, alterando las condiciones financieras del contrato: "la teoría de la imprevisión, en los términos expuestos, es uno de los eventos en que se puede presentar una ruptura en el equilibrio económico del contrato administrativo –y aún en el moderno contrato del derecho privado–, es decir se trata de una de las causales de rompimiento de la ecuación contractual, que se presenta por situaciones imprevistas, exógenas a las partes y posteriores a la celebración del contrato, que generan una alteración anormal, en la economía del mismo, haciéndolo más gravoso"[72].

De la misma forma, las situaciones materiales imprevistas se enmarcan dentro de la teoría de la imprevisión, ya que se presentan dentro de la fase de ejecución del contrato y lo hacen más gravoso para las partes.

Dichas situaciones materiales imprevistas "constituyen una causal diferente de ruptura del equilibrio económico del contrato, aplicable exclusivamente a los contratos de obra pública. Según este sector de la doctrina, estas sujeciones son aquellas dificultades materiales que se presentan estrechamente relacionadas con la ejecución del contrato, y que aparecen de manera imprevista para las partes, haciendo más difícil y gravosa dicha ejecución (por ejemplo, el hecho de encontrar durante la construcción de un túnel, un terreno rocoso, en vez de arcilloso, como se preveía)[73].

Las situaciones materiales imprevistas, entonces, implican el carácter de la imprevisibilidad, como lo indican, además de ser extrañas

---

72 Ibídem, p. 97.
73 Ibídem.

a las partes, y suceden con posterioridad a la ejecución del contrato, además de hacerlo más gravoso para las partes, por lo cual cumplen con los requisitos necesarios para que pueda aplicarse a ellas la teoría de la imprevisión.

La teoría de la imprevisión en sus orígenes fue primeramente aplicada por decisiones de tribunales de arbitramento en sus respectivos laudos arbitrales, y encuentra su fundamento en las normas constitucionales que señalan que el Estado debe indemnizar los hechos antijurídicos que él produzca y generen perjuicios a los ciudadanos, además se sustenta en el principio de igualdad de las cargas públicas y en su deber de proteger la vida, honra y patrimonio de los particulares.

La teoría de la imprevisión también se justifica en el principio de la conmutatividad de los contratos administrativos, así como en el equilibrio económico de los mismos, como también en la justicia contractual, según la cual existe el deber de indemnizar cuando concurran hechos extraños ajenos a la voluntad de las partes, que generen mayores costos en el contrato.

Cuando se reúnen los requisitos necesarios para la aplicación de la teoría (los cuales son que el hecho sea extraño a las partes, que sea imprevisible, que sea posterior a la celebración del contrato, y que produzca un aumento anormal, grave y cierto del costo del contrato), se configura el deber de la administración de garantizar que el contratista no pierda con el surgimiento de estos hechos imprevisibles y extraños, de modo que al ejecutar el contrato el contratista no vea disminuido su patrimonio con ocasión de estos hechos.

Así, como manifiesta la doctrina: "ella consiste en situaciones extraordinarias, ajenas a las partes, imprevisibles y posteriores a la celebración del contrato que alteran la ecuación financiera del contrato en forma anormal y grave, sin imposibilitar su ejecución, se contempla el deber de la Administración de concurrir en ayuda del contratista, ya que éste obra como su colaborador y requiere de ese apoyo para concluir con el objeto contractual, en el cual está fincado el interés de la entidad contratante.

La indemnización, en este caso, no será igual a la que correspondería en el caso del hecho del príncipe, ya que la circunstancia que trastornó en forma grave la ecuación contractual, no le es imputable a la entidad contratante ni siquiera a título de responsabilidad sin falta, sino que obedece a hechos ajenos a las partes y la Administración sólo procederá a compensar la ecuación desequilibrada por razones de equidad y como colaboración al contratista que de todas maneras tiene que ejecutar el contrato en condiciones adversas a sus cálculos iniciales"[74].

Lo anterior nos indica que la responsabilidad de la administración es objetiva en este sentido, ya que tiene el deber de indemnizar al contratista por el surgimiento de hechos imprevistos y extraños a las partes que alteren el costo del contrato, siendo excesivamente gravosos para el contratista.

5.2. El hecho del príncipe

La teoría del hecho del príncipe requiere de una serie de requisitos que deben concurrir para que pueda proceder su aplicación. No basta con que la administración, en ejercicio de sus facultades excepcionales, modifique de manera unilateral las condiciones del contrato, sino que es necesario que se den ciertas condiciones para que el contratista pueda exigir el resarcimiento económico de sus intereses.

Dichos que deben darse, según la doctrina ha señalado tradicionalmente son: el contratista sufra un daño o perjuicio; que el daño producido sea imprevisible; que el daño sea imputable a la administración pública; la intervención material o jurídica de la administración que modifique las condiciones del contrato.

Sin embargo, cabe precisar que se requieren de otros elementos adicionales para completar estos requisitos, como que el hecho que modifique las condiciones del contrato sea posterior a la firma o celebración del mismo; asimismo, debe observarse que el hecho, como se anotó, sea imprevisible, y además que altere de manera anormal las condiciones del contrato implicando mayores cargas para el contratista.

Así, se puede afirmar que: "para poder afirmar que se presenta la ruptura del equilibrio económico de un contrato administrativo, especialmente en aplicación de la teoría del hecho del príncipe, deben concurrir las siguientes condiciones: a) que el hecho o acontecimiento que produce la alteración de las condiciones contractuales sea posterior a la presentación de la propuesta o la celebración del contrato; c) que el contenido del acto o actuación que altere las condiciones contractuales

[74] Ver jurisprudencia del Consejo de Estado, Sentencia del 27 de mayo de 2003, Exp. 14577.

constituya un álea extraordinario, es decir, que por su carácter excepcional no pudiere haber sido razonablemente previsto por las partes, y d) que el acto o actuación altere en forma extraordinaria y anormal la economía del contrato haciéndolo considerablemente más gravoso"[75].

Con respecto al requisito de que el acto o hecho que modifica las condiciones debe ser imputable a la administración pública, se debe precisar que la imputación de la alteración de dichas condiciones del contrato, debe ser atribuible a la administración, es decir, que sea ella quien las haya ocasionado.

Asimismo, dentro de este mismo requisito, debe observarse que la intervención de la administración pública, debe realizarse como autoridad pública, y no como contratante, de modo que dicha intervención sea haga en ejercicio de esta calidad de autoridad pública y altere las condiciones del contrato.

También debemos precisar que la clase de actuación de la entidad pública puede ser jurídica o material. La primera a través de actos administrativa, la segunda por medio de actuaciones u omisiones, siempre que con cualquiera de ellas se modifiquen las condiciones del contrato de manera gravosa para el contratista. Igualmente, esta actuación puede ser general o particular, porque incluso actuaciones de este carácter pueden producir alteración en las condiciones del contrato y generar un perjuicio al contratista.

El segundo requisito señalado, se refiere a que la actuación de la administración que altera las condiciones del contrato, debe ser posterior a la presentación de la propuesta y o a la celebración del contrato, siempre que todavía éste se esté ejecutando o no haya concluido su ejecución. Lo cual indica que la relación contractual o negocial debe estar ya establecida al momento de producirse las modificaciones señaladas.

El tercer requisito hace referencia a que el contenido del acto que produce la alteración o modificación de las condiciones del contrato, debe ser imprevisible por parte de contratista, esto es, que normalmente no lo haya podido prever desde el punto de vista jurídico y material. No se refiere a la imprevisibilidad de la potestad que tiene la administración para modificar las condiciones del contrato, lo cual debe ser conocido por el contratista, sino su contenido.

---

75 Ibídem, p. 73.

El cuarto requisito indica que el acto o medida perturbadora debe alterar o modificar el contrato de manera anormal o excepcional provocando cargas imprevistas para el contratista. Además, este daño debe ser especial, es decir, que haya efectivamente causado un perjuicio cierto al contratista, para que éste pueda pedir una indemnización como consecuencia de esta daño o gravamen que le ha ocasionado la actuación de la administración.

De esta forma lo ha expresado la jurisprudencia del Consejo de Estado: "es posible concluir que el denominado *Hecho del Príncipe* puede dar lugar al rompimiento del equilibrio contractual, pero que dicha circunstancia no opera de manera automática, sino que, debe establecerse en cada caso"[76].

Así, la teoría del hecho del príncipe no procede sin el cumplimiento de estos requisitos, y sólo observándolos puede el contratista pedir la indemnización debida por la alteración anormal e imprevisible de las condiciones del contrato, que le han generado un daño cierto y especial.

La teoría del hecho del príncipe tiene el carácter de norma de orden público, o se asemeja a ella, de modo que no es válida la estipulación donde genéricamente se renuncie a su aplicación. Sin embargo, si se trata de situaciones específicas, es posible que no proceda la aplicación de esta teoría y que la estipulación en el contrato de su renuncia por parte del contratista sea válida: "resultan válidas las estipulaciones contractuales conforme a las cuales la administración excluye su responsabilidad contractual por hechos específicos que permitirían dar lugar a aplicar la teoría del hecho del príncipe.

En cambio, son ilegales, por contrariar normas de orden público, las cláusulas en que el cocontratante renuncia a cualquier aplicación de esta teoría. En resumen, serán ilegales las estipulaciones que contengan renuncias generales, pero válidas las que consagren renuncias sobre los efectos de medidas administrativas específicas"[77].

Asimismo, esta teoría, al buscar la continuidad del contrato, y la ejecución eficiente del servicio público, de acuerdo con los principios de la Ley 80 de 1993, lleva aparejado que para que proceda

---

76 Ver sentencias del Consejo de Estado del 15 de febrero de 1999, Exp. 11194 y del 3 de mayo de 2001, Exp. 12083.

77 Ibídem, p. 89.

la aplicación de la teoría y el contratista tenga derecho a reclamar la indemnización por el hecho de la administración que altere las condiciones del contrato, debe seguir ejecutando el objeto contractual o continuar con su ejecución como se había pactado en el contrato.

Solamente puede excusarse en caso de que las variaciones introducidas por la administración sean tan onerosas o gravosas que le imposibiliten continuar ejecutando las prestaciones a que se ha obligado.

Finalmente, cabe destacar que la indemnización a que tiene derecho el contratista corresponde a los mayores costos en que haya tenido que incurrir por la alteración de las condiciones del contrato, junto con el lucro cesante. A eso se refiere la indemnización integral. En el caso contrario, cuando es la administración quien sufre los perjuicios por causa del contratista, éste debe indemnizar sólo el daño emergente.

CONCLUSIONES

La asignación de riesgos, que es realizada por la administración en el contrato de obra pública conformidad con las normas previstas para ello, implica que la responsabilidad del contratista se ve afectada por este nuevo fenómeno jurídico, a través del cual se insertan una nueva serie de obligaciones y de riesgos que anteriormente el contratista no tenía la obligación legal de asumir y que le correspondía arrogarse a la entidad contratante, por lo cual se aprecia claramente cómo mediante la asignación de riesgos la responsabilidad del contratista se ha incrementado y/o modificado.

Asimismo, podemos concluir que un ejercicio inadecuado de la valoración y asignación del manejo de los riesgos en el contrato de obra pública puede llevar al contratista a asumir riesgos que no está en capacidad de soportar, bien sea desde el punto de vista económico como lo es un mayor costo del inicialmente previsto, o bien sea desde el jurídico, es decir, un riesgo que no le correspondía asumir o no cuenta con los elementos, capacidad o disposición para ello, lo cual implicaría la imposibilidad de culminar la obra contratada en las condiciones fijadas inicialmente.

Por otra parte, la identificación, valoración y asignación de los riesgos que rodean al proceso de contratación de obras y/o realización o construcción de infraestructura, se encuentran insertas de aproximaciones gramaticales, estructurales y económicas que en muchas ocasiones escapan a los conocimientos de los juristas, quienes mediante cláusulas generales las establecen en las obligaciones contractuales, lo cual conlleva a que la identificación o determinación de los riesgos no sean los adecuados.

Por tanto, para evitar dificultades contractuales y evitar los procesos judiciales que tanto afectan las finanzas del estado, la identificación, valoración, determinación y asignación de los riesgos deben realizarse más exhaustivamente, con mayor pericia técnica y/o científica.

Para poder hacer la asignación de riesgos en los eventos señalados en el presente libro, es necesario tener clara la noción de riesgo contractual, así como la tipificación clasificación que la ley hace de ellos, además de los requisitos que exige para que se configure la responsabilidad del contratista, ya que no basta con el acontecimiento del daño o siniestro, sino que éste debe tener un nexo de causalidad con la acción u omisión del contratista, pues la responsabilidad no opera por sí misma, sino que debe reunir los requisitos que la ley, la jurisprudencia y la doctrina han desarrollado.

Asimismo, no debemos dejar de lado la importancia que adquiere en esta materia el mantenimiento del equilibrio contractual, como una suerte de regla de establecimiento de la equidad inicial, es decir, que las partes deben permanecer en puntos o niveles de no pérdida de las condiciones pactadas *ab initio,* y que de romperse ese equilibrio debe restablecerse por la parte de quien lo ha quebrantado: " bajo la noción de equidad se deduce que los riesgos de la obra no deben ser soportados íntegramente por una sola de las partes sino que se deben distribuir uniformemente entre ellas"[78].

Por otro lado, podemos concluir que el Estatuto de Contratación Estatal o Ley 80 de 1993, ha perdido uniformidad, y por ende, unidad sistemática, como consecuencia de la proliferación de leyes especiales que regulan las más variadas materias; el sistema se ve amenazado por el crecimiento progresivo, en número y en importancia, de tales sistemas de leyes especiales, dotados de una lógica autónoma, y que se ponen al lado del Estatuto de Contratación Estatal, y afectan los

[78] Rodríguez R, Libardo, Op. Cit., p. 14.

principios generales que él contiene, para crear de paso un sistema evidentemente desordenado[79].

Por ello, se requiere armonizar dichas normas con el mencionado Estatuto, de tal forma que exista un sistema jurídico uniforme en la materia, y sea plausible conocer, comprender y aplicar debidamente las reglas que conducen la contratación estatal.

Igualmente, es perentorio que se observen estrictamente los principios que regulan la contratación pública, dentro de ellos el de planeación y el equilibrio financiero, con el fin de que sean identificados y cuantificados previamente los riegos, e incluidos en el pliego de condiciones, con el fin de que el futuro contratista u oferente pueda conocerlos, a efectos de que presente una propuesta donde estén determinados.

Así, en caso de su ocurrencia, no será un fenómeno ajeno o extraño, y estarán en mayor capacidad de poder asumirlos, y la ejecución del contrato tendrá mayor posibilidad de concluir exitosamente, en beneficio de los administrados, o de ser indemnizada la entidad contratante si materialmente no es posible su ejecución o buen término.

Lo que se prevé, puede subsanarse en caso de ocurrir el siniestro, de tal suerte que en materia de contratación estatal toda situación posible o probable que constituya un riesgo y genere un daño antijurídico, no puede dejar de ser considerada con antelación al contrato.

El derecho, la jurisprudencia y la doctrina abordadas, constituyen un asidero imperativo y útil para las entidades públicas en este campo, que pueden asegurar el cumplimiento de los fines estatales si se siguen cabalmente, y ofrecen al contratista la posibilidad de conocer sus derechos y obligaciones, redundando así en el beneficio de la sociedad.

---

79 CORTÉS, Edgar. *La culpa contractual en el sistema jurídico latinoamericano.* Bogotá: Universidad Externado de Colombia, 2009. p. 42.

Bibliografía

DOCTRINA

Alexy, Robert. *El concepto y la validez del derecho.* Barcelona: Ed. Gedisa, 2009.

Arrubla Paucar, Jaime Alberto. *Teoría general del negocio mercantil.* Bogotá: Ed. Javeriana y Legis, 2012.

Becerra Salazar, Álvaro Darío. *Los riesgos en la contratación estatal.* Bogotá: Ed. Leyer, 2008.

Benavides, José Luis. *Riesgos contractuales en Contratación Estatal.* Bogotá: Ed. Universidad Externado de Colombia, 2009.

Blanco Pérez-Rubio, Lourdes. Obligaciones de medios y obligaciones de resultado: ¿tiene relevancia jurídica su distinción? En: Cuadernos de Derecho Transnacional (octubre 2014), Vol. 6, Nº 2, pp. 50-74, Universidad Complutense de Madrid. Accesible en: https://e-revistas.uc3m.es/index.php/CDT/article/viewFile/2260/1199

Bonivento Fernández, Alejandro. *Los principales contratos civiles y su paralelo con los comerciales.* Bogotá: Ed. Librería Ediciones del Profesional, 2017.

Cortés, Edgar. *La culpa contractual en el sistema jurídico latinoamericano.* Bogotá: Universidad Externado de Colombia, 2009.

Cuello Duarte, Francisco. *Contratos de la Administración Pública.* Bogotá: Ecoe ediciones, 2002.

De Elizalde, Francisco. Las obligaciones de medios y de resultado en la Propuesta de Código Mercantil. En: Revista para el análisis del derecho. IE Universidad, Barcelona, julio de 2014, p. 1-40. Accesible en: http://www.indret.com/pdf/1070_es.pdf

De Laubadère, André; Gaudemet, Yves. Traité de droit administratif, París, LGDJ, 2001.

De Vivero Arciniegas, Felipe. *Reforma al régimen de contratación estatal.* Bogotá: Ed. Universidad de los Andes, 2010.

Digesto, Libro IX, Título II, Ley 2, citado en Peirano Facio Jorge, Responsabilidad Extracontractual, Ed. Temis, Bogotá, 1981.

Dirección General del Crédito Público y del Tesoro Nacional (http://www.minhacienda.gov.co

Diz Cruz, Evaristo. *Teoría del riesgo*, Bogotá: Ed. Ecoe ediciones, 2006.

Escobar Gil, Rodrigo. "Teoría general de los contratos de la administración", Ed. Legis, Bogotá, 1999

Escobar Henríquez, Álvaro B. *El Contrato Estatal de Obra.* Bogotá: Ed. Ediciones Jurídicas Gustavo Ibáñez, 1999.

Escobar Martínez, Lina Marcela; Monsalve Caballero, Vladimir. La Responsabilidad: una mirada desde lo público y lo privado, Ed. Uninorte e Ibáñez, Bogotá, 2010.

Expósito Vélez, Juan Carlos. La configuración del contrato de la Administración Pública en el derecho colombiano y español, Análisis de la selección del contratista, Bogotá, Universidad Externado de Colombia, 2003.

Fierro-Méndez, Eliodoro. *Incumplimiento de contratos.* Bogotá: Ediciones Jurídicas Gustavo Ibáñez, 1992.

Giddens, Anthony. *Un mundo desbocado.* Madrid: Ed. Taurus, 2000.

Gómez Estrada, César. *De los principales contratos civiles.* Bogotá: Ed. Temis, 2008.

Gómez Montes, José Lázaro. *Mecanismos de selección del contratista.* Bogotá: Ed. Ediciones jurídicas Sánchez R. Ltda., 2009.

Gómez Vásquez, Carlos. *Riesgo contractual.* Medellín: Ed. Universidad de Medellín, 2009.

Gullón Ballesteros, Antonio. *Curso de Derecho Civil.* Madrid: Ed. Tecnos, 1969.

Jansen, Nils. *Estructura de un derecho europeo de daños.* Desarrollo histórico y dogmática moderna, working paper n° 128, Barcelona, abril de 2002, en www.indret.com

Josserand, Louis. *Teoría general de las obligaciones.* Bogotá: Ed. Leyer, 2007.

Kelsen, Hans. *General Theory al Law and State*, Cambridge, Harvard Univcrsity Prcss, 1945.Traducción de E. García Maynez, Teoría General del Derecho y del Estado, México, UNAM,1979.

Lafont Pianetta, Pedro. *Manual de contratos,* tomos I y II. Bogotá: Ed. Librería Universitaria, 2016.

Lobato Gómez, J.M. Contribución al estudio de la distinción entre obligaciones de medios y obligaciones de resultado, Anuario de Derecho Civil., 1992, pp 651 y ss.

López Mesa, Marcelo J. *Elementos de la responsabilidad civil.* Bogotá: Ed. Biblioteca Jurídica Dike, 2009.

Matallana Camacho, Ernesto. *Manual de contratación de la administración pública.* Bogotá: Ed. U. Externado, 2009.

Mejía Delgado, Hernán. *Gestión integral de riesgos y seguros.* Bogotá: Ecoe Ediciones, 2011.

Meléndez Julio, Inocencio. *La responsabilidad contractual en el Derecho Público de los contratos estatales.* Bogotá: Ed. Doctrina y Ley, 2009.

Naranjo Flórez, Carlos Eduardo. *Estatuto General de Contratación de la administración Pública.* Bogotá: Ed. Legis, 2006.

Naranjo Flórez, Carlos Eduardo. *Estatuto General de Contratación de la administración Pública.* Bogotá: Ed. Legis, 2006.

Palacio Hincapie, Juan Ángel. La contratación de las entidades estatales", Ed. Librería Jurídica Sánchez R. Ltda., Quinta edición, Bogotá, 2005,

Parra Guzmán, Mario Fernando. *Responsabilidad Civil.* Bogotá: Ed. Doctrina y Ley, 2010.

Peña Nossa, Lisandro. *Contratos mercantiles, nacionales e internacionales.* Bogotá: Ed. Temis-U. Santo Tomás, 2010.

Pico Mendez, Javier. *Trasplantes legales: un análisis de la ley sobre garantías en el contexto chino, en Derecho internacional de los negocios,* Tomo II. Bogotá: Ed. U. Externado de Colombia, 2005.

Pizarrro, Wilson; Vidal Olivares, Álvaro. I*ncumplimiento contractual, resolución e indemnización de daños.* Bogotá: Ed. Universidad del Rosario, 2010.

Posner R. y Rosenfield, A. Impossibility and related doctrines in contract law: An economic analysis, en V. Goldberg Ed. Reading in economics of contract law, 1997, pp. 211. Citado por URIBE Evamaría, La valoración del riesgo en la contratación administrativa, Universidad de los Andes, 2010.

Ramos Acevedo, Amparo. *Contratación estatal Teoría general y especial.* Bogotá: Ed. Grupo Editorial Ibáñez, 2009.

Rivero, Ricardo. *Derecho Administrativo (2da ed.).* Ratio Legis, Salamanca, 2018.

Rodríguez, Gustavo Humberto. *Contratos administrativos y de derecho privado de la administración.* Bogotá: Ed. Ediciones Librería el profesional, 1986.

Rodríguez R., Libardo. Marco Constitucional del Derecho Administrativo, en Colombia. En: *Revista de Direito Administrativo & Constitucional, Ano 8 nro.31,* Ed. Forum, Belo Horizonte, feb/ marzo de 2008.

Rodríguez R., Libardo. *El equilibrio económico de los contratos administrativos.* Bogotá: Ed. Temis, 2009.

Rodríguez R., Libardo. *Derecho administrativo general y colombiano.* Bogotá: Ed. Temis, 2017.

Rousseau, Juan Jacobo. *El Contrato Social.* Madrid: Ed. Sarpe, 1984.

Santofimio Gamboa, Jaime Orlando. *Compendio de Derecho Administrativo.* Bogotá: Ed. Universidad Externado de Colombia, 2017.

Sayagués Laso, Enrique. *Tratado de derecho administrativo,* Tomo I, Bogotá, 2010.

Solano Sierra, Jairo Enrique. *Contratación Administrativa.* Bogotá: Ed. Doctrina Ley, 2010.

Tamayo Jaramillo, Javier. *De la responsabilidad,* Tomo II. Bogotá: Ed. Temis, 1999.

Tamayo Jaramillo, Javier. *Tratado de responsabilidad civil.* Tomos I y II, 2da edición. Bogotá: Ed. Legis, 2007.

Tamayo Lombana, Alberto. *La responsabilidad civil extracontractual y la contractual.* Bogotá: Ed. Doctrina y Ley Ltda., 2005.

Tamayo Lombana, Alberto. *Manual de obligaciones.* Bogotá: Ed. Rodríguez Quito, 1986.

Torres Estepa, Andrea. Responsabilidad de los funcionarios en la contratación estatal en Colombia. En: *Revista Principia Iuris Vol. 20, nro. 20 (2013),* Universidad Santo Tomás, Tunja.

Uribe, Evamaría. *La valoración del riesgo en la contratación administrativa,* Universidad de los Andes, 2010.

Urueta Rojas, Juan Manuel. *El contrato de concesión de obras públicas.* Bogotá: Ed. Ibáñez, 2010.

Valencia Zea, Arturo; Ortiz Monsalve, Álvaro. *Derecho Civil. De las Obligaciones.* Tomo III, Bogotá: Ed. Temis, 2015.

Velásquez Gómez, Hernán Darío. *Estudio sobre obligaciones.* Bogotá: Ed. Temis, 2010. p. 831.

Vergel, Gabriel. *El Risk Management.* Barcelona; Editorial Hispano Europea, 1993.

Vidal Perdomo, Jaime; Molina Betancur, Carlos. *Derecho administrativo.* Bogotá: Ed. Legis, 2018.

Zapata De Arbeláez, Adriana. Derecho internacional de los negocios, Ed. U. Externado de Colombia, Bogotá, 2005.

Normatividad

Código Civil Colombiano.

Código de Comercio.

Código General del Proceso.

Constitución Política de Colombia. Ed. Legis, Bogotá, 2009.

Decreto 734 de 2012.

Decreto No. 1039 de 2010.

Decreto No. 2025 de 2009.

Decreto No. 2474 de 2008.

Decreto No. 1436 de 1998.

Decreto No. 2326 de 1995.

Decreto No. 1295 de 1994.

Decreto No. 222 de 1983.

Decreto No. 150 de 1976.

Decreto No. 528 de 1964.

Ley 80 de 1993- o Estatuto de Contratación Estatal-. Ed. Legis, Bogotá, 2008.

Ley 1150 de 2007.

Ley 1437 de 2011- Código de Procedimiento Administrativo y de lo Contencioso Administrativo-.

Ley 1480 de 2011.

JURISPRUDENCIA

CONSEJO DE ESTADO. Sala de lo Contencioso Administrativo. Sección Tercera, sentencia del 13 de julio de 1993, Expediente 8163. M.P. Juan de Dios Montes Hernández.

CONSEJO DE ESTADO. Sala de lo Contencioso Administrativo. Sección Tercera, sentencia del 8 de mayo de 1995. Expediente 8118. M.P. Juan de Dios Montes Hernández.

CONSEJO DE ESTADO. Sección Tercera, MP. Hoyos Duque Ricardo, Sentencia del 24 de junio de 1998, exp. 10530.

CONSEJO DE ESTADO. Sección Tercera. Sentencia de 28 de mayo de 1998. Exp. 10624. M.P. Jesús María Carrillo Ballesteros.

CONSEJO DE ESTADO. Sección Cuarta. Sentencia de 5 de marzo de 1999. Exp. 9245. MP. Daniel Manrique Guzmán.

CONSEJO DE ESTADO. Sentencia del 15 de febrero de 1999, Exp. 11194.

Consejo de Estado. Sentencia del 3 de mayo de 2001, Exp. 12083.

Consejo de Estado. Sección Tercera. Sentencia del 27 de noviembre de 2002, exp. 13792. M.P. María Elena Giraldo Gómez.

Consejo de Estado. Sentencia del 27 de mayo de 2003, Exp. 14577.

Consejo de Estado. Sala Contencioso Administrativa, sentencia del 18 de septiembre de 2003.

Consejo de Estado. Sala contencioso administrativa, Sección Tercera, sentencia del 26 de febrero de 2004.

Consejo de Estado. Sala contencioso administrativa, Sección Tercera, Sentencia de 2 de mayo de 2007, Exp. 24972, MP. Mauricio Fajardo Gómez.

Consejo de Estado. Sala de lo Contencioso Administrativo, sentencia de 26 de marzo de 2008, Exp. 16530, M.P. Mauricio Fajardo Gómez.

Consejo de Estado. Sala Contencioso Administrativa, Sección Tercera, Sentencia de fecha 13 de noviembre de 2013, expediente No. 23829, M.P. Hernán Andrade Rincón.

Consejo de Estado. Sala de lo Contencioso Administrativo. Sección Tercera, Subsección A, Sentencia de 11 de junio de 2014, Radicación número: 68001-23-15-000-1995-11092-01(28728), M.P. Hernán Andrade Rincón (E).

Consejo de Estado. Sala de lo Contencioso Administrativo, Sección Tercera, Sentencia de fecha 21 de agosto de 2014, expediente No. 11001031500020130191900, C.P. Hugo Fernando Bastidas Bárcenas.

Consejo de Estado. Sección Tercera, Subsección A, Sentencia de 11 de junio de 2014, Radicación número: 68001-23-15-000-1995-11092-01(28728), M.P. Hernán Andrade Rincón.

Consejo de Estado. Sección Tercera, Subsección C, en providencia de 15 de mayo de 2017, rad. 11001-03-26-000-2009-00024-00(36476), M.P. Dr. Jaime Enrique Rodríguez Navas.

Consejo de Estado. Sala de lo Contencioso Administrativo, Sección Tercera, Subsección B, en Sentencia de 27 de marzo de 2017, rad. nro. 25000-23-26-000-1998-03066-01(20912), M. P. Danilo Rojas Betancourth.

CONSEJO DE ESTADO. Sala de lo Contencioso Administrativo, Sección

CONSEJO DE ESTADO. Sala de lo Contencioso Administrativo, Sección Tercera, Subsección B, de 24 de enero de 2019, Radicación número: 25000-23-26-000-2007-00361-01(43401), M.P. Marta Nubia Velásquez rico (E).

CONSEJO DE ESTADO. Sala de lo Contencioso Administrativo. Sección Tercera, Subsección A, sentencia de 3 de octubre de 2019, Radicación número: 73001-23-31-000-2011-00705-01(48572), M.P. Carlos Alberto Zambrano Barrera.

CONSEJO DE ESTADO. Sala de lo Contencioso Administrativo, Sección Tercera, Subsección B, sentencia de 7 de octubre de 2019, Radicación número: 05001-23-31-000-1996-02614-02(38520), M.P. Martín Bermúdez Muñoz.

CORTE CONSTITUCIONAL. Sentencia C-333 de 1 de agosto de 1996. M.P. Alejandro Martínez Caballero.

CORTE CONSTITUCIONAL. Sentencia C-563 del 07 de octubre de 1998. M.P. Carlos Gaviria Díaz.

CORTE CONSTITUCIONAL. Sentencia C- 826 de 2013.

CORTE SUPREMA DE JUSTICIA DE COLOMBIA. Sentencia de casación 18 de marzo de 1925.

CORTE SUPREMA DE CHILE, de 7 de mayo de 2002. Accesible en www. lexisnexis.cl, indicador: 25.338.

TRIBUNAL ADMINISTRATIVO DE CUNDINAMARCA. Sentencia 12311 de 1999.

Esta obra se terminó de imprimir
en marzo de 2020
en los talleres gráficos de
Grupo Editorial Ibáñez
Cra. 69 Bis No. 36-20 Sur
Tels:2300731 - 2386035
Bogotá D.C. - Colombia